"亲越"教育

让每一个生命向上生长

姚琴 ● 著

ZHEJIANG UNIVERSITY PRESS

浙江大学出版社

·杭州·

图书在版编目（CIP）数据

"亲越"教育：让每一个生命向上生长 / 姚琴著
. -- 杭州：浙江大学出版社，2024.8
ISBN 978-7-308-25056-6

I.①亲... II.①姚...III.①德育-教学研究-中小
学 IV.①G631

中国国家版本馆CIP数据核字(2024)第110184号

"亲越"教育：让每一个生命向上生长

姚 琴 著

责任编辑 赵 静
责任校对 胡 畔
封面设计 林智广告
出版发行 浙江大学出版社
（杭州市天目山路148号 邮政编码310007）
（网址：http://www.zjupress.com）
排 版 杭州林智广告有限公司
印 刷 杭州宏雅印刷有限公司
开 本 710mm×1000mm 1/16
印 张 20
字 数 305千
版 印 次 2024年8月第1版 2024年8月第1次印刷
书 号 ISBN 978-7-308-25056-6
定 价 80.00元

习近平总书记指出："培养什么人、怎样培养人、为谁培养人是教育的根本问题。"[①]育人的根本在于立德。全面贯彻党的教育方针，落实立德树人根本任务，培养德智体美劳全面发展的社会主义建设者和接班人，关键在德育。坚持育人为本、德育为魂，大力培育和践行社会主义核心价值观，以培养学生良好思想品德和健全人格为根本，全面提高中小学德育工作水平，是新时代我国基础教育阶段学校必须全力践行的重要使命。

初中学生正处于性格和品德形成的关键时期，初中学段的德育工作对青少年的成长起着至关重要的作用。德育工作需要落细、落小、落实，做到"全员育人、全程育人、全方位育人"，把思想价值引领贯穿教育教学全过程和各环节，推动家庭、学校、社会各方面力量共同参与，才能切实发挥育人功能。

中国教育科学研究院杭州市胜蓝中学立足学生全面发展和健康成长，从学生学情出发，对标德育要求，培育"自律、自主、自信"的亲青胜蓝学子，构建了独具特色的"亲越"德育课程体系。"青出于蓝而胜于蓝"是学校的校训，亦是胜蓝教师们对学子的美好愿景。"亲"谐音"青"，"亲越"德育课程建设的初衷，即实施适合孩子成长特点的教育，建构亲近自然、亲近社会的课程，发掘孩子们的自我潜能，实现超越自我的目标。当走进胜蓝的校园，偌大的校园里处处可见"亲越"德育的印记，不由感叹老师们的用心用情。学校认真设计适合不同学段的德育活动，将思想政治教育、核心价值观念蕴含其中，重视多种类型学生组织的建设与管理，精心建构校园文化建设，提倡劳动教育、仪

---

① 习近平：《扎实推动教育强国建设》，《人民日报》2023 年 9 月 16 日第 1 版。

式教育，充分利用各种形式的载体开展德育活动。同时，学校重视社会和家庭的育人功能，关注学生品德修养、身心健康及审美能力的培养，为学生综合素质的发展提供了绚丽多彩的舞台，全方位引导学生建立正确的世界观、人生观和价值观。校园里充满了孩子们活泼的身影，每一个生命都在蓬勃向上生长。我为老师们的育人情怀所感动，也为孩子们的自信成长而感到骄傲。

生命的成长是灵动的，是美妙的，也是充满竞争与挑战的。作为孩子成长路上的同行者，教师跟随、陪伴着孩子，为他们创造成长的舞台。以德育德，以心润心，在德育活动中帮助孩子培养克服困难的超强勇气，寻找解决问题的合理方法，营造健康成长的重要平台，树立报效祖国的坚定信念。依托"亲越"德育课程体系，胜蓝学子们的自我认知、心理状态、价值观念都发生了重大变化，他们真正成为一群带着"胜"的信念在"蓝"天下快乐奔跑的孩子！

在丰富的实践基础上，学校深入思考新时代的育人内涵，凝练出这样一本书。书中展示了90个真实育人案例，详细介绍了每个案例的实践方法。这些案例切合立德树人根本导向，操作性强，蕴含着学科育人、课程育人、活动育人、文化育人、管理育人、协同育人、实践育人、评价育人、环境育人的积极探索与创新思考。案例特色明显，具有一定的区域影响力。如果您是一名学校的管理人员，您会发现"亲越"德育的精妙之处在于它善于利用校园文化育人和全学科育人。如果您是一名德育工作者，充实的案例中总有一两个适合您的学生，育人无痕，让德育自然发生。如果您是一位初中学生家长，您也可以按照书中的方法试一试，将家庭环境打造成适合孩子的成长空间。

为中国教育科学研究院杭州市胜蓝中学在德育工作中所取得的阶段性成果喝彩！更期待姚琴校长带领学校团队在落实立德树人的实践道路上不断绽放精彩！

中国教育科学研究院基础教育研究所所长、研究员

李铁安

跑起来，就会有风来

"亲越"教育

让每一个生命向上生长

2000 年 8 月，我光荣地成为一名教育工作者。20 多年来，我始终保持"静下心来教书育人，蹲下身来贴近师生心灵，扎下根来做会生长的教育"的初心。

在杭州东新园地块，有所公办初中，她是杭城第一所牵手"国字号"的学校。因校名当中带有"中国"二字，被周边老百姓称为"国字号"初中。她就是中国教育科学研究院杭州胜蓝实验中学（简称"胜蓝"）。

2020 年 9 月，我调任胜蓝中学校长，自创"同心、同向、同行"的"三同"精神，积极构建"亲越"育人体系，让每一个生命向上生长。"亲"谐音"青"，指胜蓝学子；"越"是超越，学校校训是"青出于蓝而胜于蓝"，旨在激励每一个胜蓝学子不断超越，追求卓越。探索实践"亲越"教育，形成"亲越"育人主张，创新"亲越"育人举措，开展"亲越"育人研究，让每一个"胜蓝人"都带着"胜"的信念在"蓝"天下奔跑。

这三年，教师、学生、家长讨论最多的就是"学校的变化"。学校发生了哪些变化？为什么会有这些变化？这跟胜蓝全体师生一起践行"亲越"教育是分不开的。

一、与学习为友："再坚持一下，就到终点了"

我是浙江桐庐人，1991 年以还不错的成绩升入横村中学，在初中阶段被评为"杭州市三好学生"。在不少人看来，学习好的人，一般体育都不怎么好，可我是个"例外"。我是学校体训队的一员，每次跑 800 米都能拿冠军，还打破过学校的跳远纪录。其实我并不是身体素质格外好，而是靠硬拼。跑 800 米时，我会咬紧牙关跟自己说："再坚持一下，就到终点了。"跑 800 米这短短的几分钟里最重要的是意志力，稍有放松就会落后。

回望过去 24 年的教育经历，最宝贵的还是那份坚持。无论是长跑、工作还是人生，吃苦耐劳的精神都是不可或缺的。咬咬牙，就到终点了。成为冠军，就胜在那股韧劲儿。

二、与胜蓝同向："打造基于文化内生的高品质学校"

到任胜蓝，我最为感触的便是学校师生的踏实和认真。自 2015 年挂牌中国教育科学研究院实验学校以来，学校始终站在课改前沿，在办学思想、文化塑造、课程构建、师生培养等方面都持续发力。

2019 年，中国教育科学研究院院长崔保师在我们胜蓝中学首次提出"以'四个科学（科学理念、科学治理、科学育人、科学评价）立校强校'"的教育理念，希望实验学校发展成为"有独特气质和非常品质的学校"。借此之力，我们不断擦亮这块"国字号"招牌，引领学校为教师的发展和学生的成长提供更为广阔、更为丰富的平台。

在全体师生的共同努力下，我们坚定"胜"的信念，奔跑在蓝天下，向梦想出发，向未来冲刺。"让每一个生命向上生长"是我提出的 2.0 版办学理念，希望师生能够跑起来，并且是带着"胜"的信念奔跑起来，始终保持"向上"的姿态，超越自我，追求卓越。

这些年，我特别注重校园文化建设，因为校园文化对师生发展的影响是潜移默化的，是种无声的力量。我提出建设"基于文化内生的高品质学校"的发展定位。红色文化、清廉文化、榜样文化……胜蓝校园处处彰显着文化气息，并在日常教育教学中真正地渗透进师生的心里。

当然，课程也是校园文化必不可少的一部分。课程始终是一所学校生长和发展的内在力量，更是塑造办学品牌的重要载体。射击、足球、科技是学校的三大特色课程，其中射击已有 17 年的历史，学校在传承和延续中打造的"小小神枪手"课程被评为杭州市精品课程。

三、与师生同心："只有老师各具特色，学生才能有声有色"

教师就是学校的财富。对于学校教师的发展，始终保持着一种态度——

"同心、同向、同行"。无论平时事务多么复杂烦琐，都要有条理、有对策、有计划地引领教师发展，始终与教师站在一起。

我始终将自己曾经得到的关爱和支持传递出去，鼓励学校教师站上各种舞台，勇于展示自我风采，并按照教龄结构，打造了"蓝田出玉""蓝鹰展翅""蓝鲸智云"教师成长校本研修队，助力年轻教师专业成长，让骨干力量充分发挥作用。只有教师各具特色，学生才能有声有色。胜蓝推出了"慧爱二维码"，即文科老师有风度，理科老师有深度，音、体、美、信息技术老师有亮度，行政后勤老师有热度。

在胜蓝，每位教师都能找到自己"向上"的方向。比如在新冠疫情停课期间，心理老师为同学们调适心理状态，美术老师带着同学们进行云上观展；在冬季的胜蓝校园内，稻草"老虎"引人注意，这正是胜蓝后勤人员的杰作，为的是防止水管冻裂。

在新冠疫情反复来袭的背景下，胜蓝领导班子周密迅速地布置防疫工作的同时不忘关心师生。还记得2021年冬至后迎来复课日，我通宵为全校学生制作"抱住绿码"的饼干，还风趣地跟同学们说："饼干就是'并肩干'，一起干掉病毒。"

新冠疫情期间，胜蓝的老师们进行了为期10天的"云上"教学，不仅要保证课堂和作业批改的质量，还要注意疏导学生心理，非常辛苦。为犒劳教师们，我和其他校级干部特地为每位教师定制了印有个人照片的抱枕。我想跟老师们说，之所以送抱枕，是想让老师们"抱一抱"，让大家感受学校的关怀；同时也想让老师们"靠一靠"，因为学校就是老师们的港湾。过去的三年，胜蓝的教育教学质量突飞猛进，教师们在各级各类教育教学比赛中，获奖无数，其中获得省、市、区级荣誉的教师超过50人次。这是值得记住的成绩，这离不开老师们的同心协力。人心所向，定无往不利。

带学生奔跑，"让每个学生都能站在舞台最中央"，"青"取之于"蓝"而胜于蓝。在胜蓝，这个"青"就是我和老师们对学生的爱称，与"亲"谐音，有"亲爱的"之意。这个有爱的称呼，已在全校达成共识，无论在什么重要场合，同学们都是那个最受"宠"的人。

胜蓝以培养自律、自主、自信的亲青学子为育人目标，在"摆烂""躺平"等现象如此多的当下，我希望同学们依旧能带着努力向上生长的劲头，保持奔跑的姿态。学习成绩并不是唯一，每个学生都有属于自己的光芒。我们要带着发现美的眼睛，努力看见学生眼里的光，为每个学生创造站在舞台最中央的机会。

比如，学校每学期都会评出博学奖、笃学奖、敏学奖和励学奖，以鼓励在各方面表现突出的同学，在校园掀起了一阵"向榜样学习"的风潮。另外，让同学们十分期待的还有"青，校长喊你吃饭啦！"等"与校长有约"活动，这可是发现"优"、发掘"特"、发扬"美"的好载体。

无论是成绩进步明显、乐于助人、热爱劳动的学生，抑或是运动出色、多才多艺的学生，都有机会收到我发出的邀请函，在共进午餐的同时，一起分享美好的故事。

我们胜蓝花式"宠"学生的方式还真不少。在行政楼边上有处角落，拾级而上，就是一块半个教室大小的平台，这就是亲青学子的舞台——青秀台，才艺、绘画或书法作品、优秀假期作业等均可在这方小舞台上展示。能站上去的学生，在未来一定会越来越有自信。

走过学校篮球场，引人注目的除了同学们飒爽的身影，还有围网上一张张闪光的"机票"。这是我让初三的同学们为自己定制的"登机牌"，写下自己的姓名、班级，以及目标高中和前进宣言，激励自己。每位同学心中都有一个自己心仪的高中，我们全体教师在做的就是努力开展针对性教育，为学生找到适合的学习方法、制定适合的学习目标，让每个学生考上适合自己的高中。

在胜蓝，学生收到的"惊喜"接二连三。比如每年三四月，胜蓝百果园里收获春笋，我就会带七年级的同学一起去挖笋，跟八年级的同学一起去食堂烧制，给九年级的同学加一道名为"祝（竹）君高升（笋）"的菜品，为他们送上中考祝福。

胜蓝的学子是亲越的，曾温暖到了我。还记得 2022 年的 5 月 20 日那天，我收到了 901 班的一本用 52 封感谢信装订起来的告白书。同学们在信里记录了我在给他们集会时的讲话、给他们上课时的情景，也有我日常的行政工作，还有跟我分享他们的进步……胜蓝学子眼里的光，给了我满满的前进力量。

四、与"亲越"同行："让每一个生命向上生长"

始终牢记"为党育人，为国育人"的使命，以德立身、以德立学、以德施教，"五育"融合，让学生向上生长。学校以射击为金名片，培育了世界冠军、全国冠军等一批优秀队员。在 2022 年浙江省运动会中取得 5 金 3 银的好成绩；2023 年在培养世界射击冠军钱学超之后，又培养了一名世界射击冠军张志豪。为让立德树人看得见，积极构建实施"吾育·吾秀"德育文化体系：搭建"青"字号平台，有"青青驿站"为学生创造舞台，让学生充分"秀"；开设"青"系列课程，有"青慧"课程、"青悦"课程和"青历"课程；开展"青"特色活动，让学生"五育"发展，不断向上生长。

劳动教育正如火如荼地开展，胜蓝赋予其新的特别内涵。全校师生有属于自己的"百果园"，大家时不时都来逛逛。这里有竹子、杨梅、杏梅、艾草等，大家时常会手拿篮筐、锄头等工具来感受收获的快乐与劳动的乐趣。

为推进"五育并举"，促进学生德智体美劳全面发展，让学生享受收获的喜悦，结合节日或重要时间节点，我们会策划挖竹笋、摘杨梅、采杏子、制青团、包粽子等劳动实践，让学生在劳动中获得成就感。

其实，劳动的意义远不止于此，我们赋予不同劳动果实具体而温暖的意义。比如，中考冲刺之际，跟同学们一起包粽子，寓意美好祝福；带领足球队队员摘杨梅，将煮好的杨梅汤送给教职工、执勤民警、保安等，表达感恩；带着每月劳动之星采杏子，并将杏子奖励给大家，体现获得感……

劳动教育绝不是为了劳动而劳动这么简单，我们将劳育和德育相结合，充分挖掘学校的现有资源，丰富活动形式，让学生在多彩的活动中感受劳动带来的成就感和获得感，才是我们的目标。

2022 年秋季开学前，新开辟的"青耕园"正式亮相，我始终认为校园应该"处处有师生的故事"，邀请同学们为"青耕园"的牌匾题字，并在开学初与同学们共同种下向阳花，将劳动教育这颗种子深深埋在学生心中。

在劳动教育的开展过程中，学校扮演的是"支持者"的角色，就是竭尽全力给学生提供平台、创造空间，让学生有机会发挥兴趣、拓展特长。为保证劳动教育开展的质量，胜蓝教师也积极参与其中，专业老师给学生科普劳动知识，其他老师则与学生一起参与劳动，收获喜悦。不仅如此，还专门开设了劳动相应的课程和社团，通过教师专业授课，让学生感受劳动教育内涵的同时，体验劳动实践的乐趣。

在胜蓝的三年，学校的发展走上了快车道，教育教学质量显著提升，中考成绩突飞猛进，教师团队的凝聚力、战斗力更强，学校变得更有温度，师生也更有幸福感……我们离"亲越"目标越来越近。有人说胜蓝被激活了，有人说胜蓝的师生有了"光"，有人说胜蓝的家长有"福"了……

作为一个教育工作者，我要把我想做和要做的"亲越"教育的样子，一笔一画地描绘出来，一步一个脚印地走出来……

育人框架

让每一个生命向上生长

"亲越"教育

让每一个生命向上生长

为全面贯彻党的教育方针，进一步加强学校德育工作的领导和管理，努力构建适应新时代要求的德育工作机制，切实保障学校德育工作目标和任务的落实，促进学校可持续发展，特制定学校"亲越"育人体系。

一、指导思想

以社会主义核心价值观为引领，全面贯彻党的教育方针，以《中小学德育工作指南》《中共中央 国务院关于进一步加强和改进未成年人思想道德建设的若干意见》和杭州市拱墅区教育局的有关文件精神为指导，坚持以人为本、德育为先、五育并举的育人理念，结合校情学情，以学校"亲越"德育体系建设为抓手，积极探索德育工作的新途径、新方法，教育和引导学生树立正确的世界观、人生观、价值观，培养有理想、有本领、有担当的时代新人。

二、学校理念

秉承"青出于蓝而胜于蓝"的校训，从学生立场和文化图景中提出"让每一个生命向上生长"的办学理念，确立"办一所让孩子喜欢、自豪、怀念的好学校"的办学愿景，遵循"求真、笃行"的校风，以培养自律、自主、自信的亲青胜蓝学子为育人目标，师生带着"胜"的信念，在"蓝"天下奔跑，一起不断飞越梦想、超越自我、追求卓越。

围绕办学愿景和育人目标，学校积极构建"青悦"校本课程体系（"青"，意指学生；"悦"，师生关系融洽，课堂氛围愉悦，即教师有教学亲和力，学生有学习愉悦感），打造"轻悦"课堂（"轻"，谐音"青"，轻负高质课堂，学生趣学、探学、悟学、用学），建设以培养自律、自主、自信的"亲青"胜蓝学子为具体目标的"亲越"育人体系，丰富学校发展内涵，提升育人品质。

"亲越"教育中的"亲"，意思是亲近、亲和、亲自等，体现以生为本、五育并举、多元评价的育人理念，学生在潜移默化中愉悦受教，让每一个生命在胜蓝得以向上生长，持续生长。学校构建"亲越"育人体系，建立健全"五育并举"育人模式，落实全员育人、全程育人、全方位育人的"三全"育人机制，拓宽育人途径，创新德育形式，丰富德育内容，实现管理育人、课程育人、文化育人、实践育人，协同育人的有机整合，将学生培养成具有社会责任感、创新精神和实践能力的亲青胜蓝学子。

三、目标体系

（一）学生成长目标

通过一套完整的管理体系、丰富多彩的学生社会实践活动、校本课程设置、家校社协同育人共育、"吾育·吾秀"等活动，以培养自律、自主、自信的胜蓝亲青学子为具体目标，培养良好的道德品质，树立正确的价值观，提升社会适应能力，培养自主学习能力，促进身心健康，促进学生多元健康发展，更好地应对学习和生活中的压力和挑战。聚焦自主性培养，促进学生多元发展、全面发展，向上生长，让每个学生都能成为最优秀的自己。

（二）教师发展目标

加强教师德育理论学习，制订合理的德育计划，采用适切的教学方法，帮助学生树立正确的世界观、人生观和价值观，探索新的德育模式和方法，适应时代的变化和学生的变化，更新教育理念，善于激发学生兴趣，提高德育工作的创新能力，能与同事和学生建立良好的合作关系，不断反思和总结自己的德育实践经验，不断优化和改进德育工作。

（三）学校建设目标

通过对"亲越"育人体系的构建，开展丰富的德育活动，营造积极向上、健康和谐的校园文化，包括校风、学风、教风的建设，以及校园环境的优化和美化。提供优质的德育课程，建设优秀的教师团队，完善德育管理制度，推进德育课程序列化、德育队伍专业化、德育评价科学化、德育效果最优化，全面落实德育目标，提升学生的综合素养，办一所让学生喜欢、自豪、怀念的好学校。

四、育人路径

立足校情学情，开展大中小学思政教育一体化教育，不断调整和优化思想政治教育管理育人、重视课程育人功能，明确学校文化育人的价值地位，引导学生树立文化自信；加强实践育人和活动育人，让学生在真实世界中解决真实问题；探索家校社协同育人，通过开发家校共育课程、开展家校合作等协同育人方式，形成育人合力。发挥各种育人功能，培养有理想、有本领、有担当的时代新人。

（一）管理育人

调整和优化管理教育实践方式，以养成管理教育和学生自主管理进行育人，确保持续为学生提供优质的思想政治教育服务与正确的思想价值引领。

1.养成管理教育

以七年级学生为重点，以新学期起始月为重点时间段，加强学生行为习惯养成教育。包括学校相关制度如《自主学习习惯八条》和《胜蓝中学学生一日常规》的学习，学习内容涵盖仪容仪表标准、学习习惯准则、文明礼仪制度、违规行为处罚等项目。考核方式以专题训练和定期检查为主，做到在"严"上下功夫，在"细"上做文章，在"精"上求发展。通过考核使学生的行为规范外化为行为、内化为素质，逐步养成良好的生活和学习习惯。

2.学生自主管理

围绕"自律、自主、自信"育人目标，以"师生成长共同体"项目为载体，深入实施"全员导师、学科代表，小组合作、自主管理，同质竞赛、异质帮扶"六个自主管理行动，以项目课程为导引，逐步落实全员导师制、学科代表制、小组竞赛制、小小先生制和自主管理制，通过午间静校、自主整理课、小组合作学习机制，让学生学会自律、自主管理、充满自信。探索学生自主管理系统，做到人人有岗、岗岗有人，构建每位学生为自己负责的管理机制。

3.胜蓝领袖管理

加强团委、学生会干部建设，胜蓝领袖有独特的领导风格和影响力，具备解决冲突、处理压力和应对变化的能力，同时还需要具备高度的自我管理和自我学习能力。能对日常学生管理进行监督，参与学校的各类活动、制度等组织策划，对学校、班级管理都具有引领作用，建设一支领袖型的学生干部队伍，培养参与学校管理的意识和能力。

（二）课程育人

以核心素养为导向，聚焦个人修养、社会关爱、家国情怀、自主发展、合作参与、创新实践六大方面指征，结合学校自律、自主、自信的"三自"育人目标，整合校内外德育资源，开设学科专题课程、红色思政课程、"青耕园"劳动课程、社团兴趣特色课程。

1.学科专题课程

（1）思想品德课程。以初中《道德与法治》为主要教材，对学生进行思想品德教育。充分挖掘学科课程中蕴含的德育功能，寓德育于语文、数学、英语、社会、科学、体育、音乐、美术、信息技术、心理等学科教学之中，通过挖掘教学中的德育素材来备课，引导教师在课堂教学中渗透落实思想政治教育。结合学科渗透、主题班会和校本课程开发，把社会主义核心价值观教育纳入课堂教学，把社会主义核心价值观学习作为重要的教学目标贯穿教学全过程，使学生在课堂学习过程中受到教育，学会自律，学会做人。

（2）心理健康课程。学校每周每班开设一节以上专题心理健康课，配备专职心理教师。日常通过学生的学习、生活，多渠道了解学生的心理状况，进行心理健康教育，及时帮助学生纠正心理偏差，解决心理障碍，从而培养学生健全的人格和良好的心理品质，增强他们正确认知自我、调控自我、承受挫折、与人交往、适应环境的能力。特设心理活动周，加强学生心理健康教育。

2.红色思政课程

以"红·蓝·青"党团队一体化发展的模式，逐步开发形成以社会主义核心价值观教育为主导的红色思政课程。以"红赋胜蓝育亲青，厚植红心颂家国"为主题，整合校内外红色资源，营造红色文化氛围，创设思政教育品牌项目"红色星期一"和"丹青之声""红色朗读亭"等红色专属平台，开发红色思政课程。开设阶梯式红色文化教育体系：七年级主倡"红色文化做中学"，八年级主导"红色理想信念教育"，九年级重在"责任使命感教育"，打造"红·赋胜蓝"思政教育品牌。组建学生国旗班，开展国旗教育，引导青少年树立"从小学先锋、长大做先锋"的坚定理想，厚植爱国主义情怀。依托学校党建品牌、清廉学校建设，开发红色文化课程。结合学校初心大道、红色邮筒、清廉长廊、慎独亭、历长廊、"红·蓝·青"党建书屋等红色路线，给每一位胜蓝学生开设红色思政课；结合学校广播站"青青驿站"的"丹青之声"，开设有声红色课程，让每一位学生都能站上舞台，展示才华，塑造自信品质。

3."青耕园"劳动课程

依托青耕园、青清园、百果园组成的区级"春华秋实"劳动教育基地，根据时令、节气，由各科教师积极开发校本劳动教育特色课程，积极发挥劳动育人、实践育人功能。在教师指导下，学生分年级分班在"青清园"研习应季蔬菜、百果、花卉特性，选择地块播种、维护、收割和加工，体验完整生产过程，并将种植技能应用到生活中；依托四季常青的百果园，学生不仅从教师讲课中了解园中各种植物的习性、采摘要点，还通过挖笋（节节高升励学长）、采杏（送老师表感恩）、摘桃采李（送师长、做果酱）、采杨梅（制作杨梅汤送要感恩的人）、采香泡（奖励）等采摘体验，学习后续相关产品加工等各种知识和技能，提高学生的动手能力和知识迁移能力，也从中践行竹文化（天竺筷进校园）、桃李文化、感恩文化；在青耕园，师生同种一片向日葵，凝聚校园内"同心、同向、同行"文化，一起种下"清廉之花"，共创杭州市清廉学校示范点。

4.社团兴趣特色课程

学生社团活动课程是一种自主性的课程，由教师指导，学生根据个人兴趣自主选择、自主实施。学校的品牌社团有足球社团、射击社团、科技社团。足球社团每周训练3次，在杭州市比赛中多次取得好成绩；射击社团每周活动3次，已培养多位世界冠军；科技社团有FPV（第一人称主视角）海模、空模等，学生多次在省、市、区获得佳绩。也有激发学有余力学生兴趣的社团：如渡口文学社、数学社团、英语口语社团、鲁班木工社团、陶艺乐学社团、舞蹈社团、古筝社团、小风铃合唱社团、蓝亭雅集形色工坊社团、剪刀手视频剪辑社团、篮球社团、力拔山兮社团、健美操社团、羽毛球社团、心理驿站等。社团兴趣课程以培养学生特色和特长为主，激发兴趣，培养能力，全面发展，培养学生的主体意识、参与意识、合作意识、竞争意识。

（三）文化育人

明确学校文化、班级文化，引导学生树立文化自信。提高学生对学校传统文化的认同感，继承与发扬中华民族不懈努力、积极进取的精神内核，总结华夏祖先的智慧与力量，激发学生对本民族文化的探索兴趣。

1.自主建设班级文化

以"打造美丽班集体"为主题，由班级学生自主研讨、开发、建设各自的班级文化。包括每个班级的环境布置设计理念与实施，如班规、班旗、文化标志、目标口号等，通过班级刊物、微信公众号等平台宣传班级文化。学校考核实施动态化，以学期为单位，进行不定期检查反馈。

2.传承校本文化日

定期开展"一营"（夏令营）、"两日"（校庆纪念日、校园开放日）、"三周"（足球周、射击周、心理文化周）、"四节"（科技节、读书节、体育节、艺术文化节）、重大节日（春节、清明、端午、中秋、重阳、冬至及国庆）庆典、二十四节气等主题教育课，还有不定期开设的绿色环保文化日，如垃圾分类、无废校园、变废为宝等。

（四）活动育人

通过开展各种有意义的活动来促进学生全面发展。这些活动不仅可以帮助学生掌握知识，还可以培养他们的品德，陶冶情操，增强团队协作能力、沟通能力和创新能力等。

1."吾育·吾秀"活动

坚持以面向全体、自主参与、展示交流、发展特长为原则，寓德育于有意义的活动之中，贯彻"五育并举"理念，创设诸多校本德育活动平台，将主题德育活动升级，给学生多方舞台，予多元评价。开设"吾育·吾秀"主题活动，依托青秀台（校园常设小舞台）、青青驿站（广播站）、红色朗读亭、"青，校长请你吃饭啦"平台、"520"班主任节、亲青阅读角、青青风采墙、"亲言青语"互动区等平台，给予每一个学生展示的机会，彰显学生的个性特长，增强自信。

2.劳动教育活动

通过七、八、九三个年级轮流值周，全员参与校园规范管理的活动。每周由值周行政、值周教师、值周班组成榜样班级考核的核心力量，每天三查，每周晨会教师反馈一周值日情况，值周班级每周统计，每周颁发榜样班级流动红旗，并纳入对班级、班主任的考核。尤其加强学生文明督导值日制度，督促学生认真履行值周劳动职责，积极参与劳动教育活动。

3.阳光体育活动

开展具有胜蓝特色的阳光大课间活动，开发了有胜蓝特色的体育活动：集体跑操、韵律操、体能训练操（TABATA）等，与育人文化有机结合起来，每年还会组织特色体育活动，如班级篮球赛、足球赛、乒乓球赛、排球赛、拔河赛等，不仅能够锻炼学生强健的体魄，还能提振学生的精气神，努力让学生越来越阳光、自信。

4.仪式教育活动

在重要时间节点加强学生仪式教育活动，注重仪式感，让更多的学生参与体验，激励其积极向上。举行开学典礼、休业式、新生入学礼、初二退队入团礼、初三毕业典礼等活动，组建学生国旗班，开展国旗教育，引导青少年树立"从小学先锋、长大做先锋"的坚定理想，厚植爱国主义情怀，树立社会主义核心价值观。

（五）实践育人

加强综合实践活动，让学生在真实世界中解决真实问题，将直接知识与间接知识结合起来，成为德智体美劳全面发展的时代新人。

1."青·胜军魂"主题实践

通过新生国防教育社会实践，让学生了解军队的知识、军人的纪律和国防安全的重要性，激发学生爱国、爱党、爱社会主义的情怀；学习掌握队列操练的基本技能，锻炼部分军事素质，增强学生的保家卫国的使命感；增强学生作为国家主人的责任意识，使其学会正确处理与他人关系，学会宽容，与人和谐相处，在集体、社会发展中实现个人价值；培养学生守纪、文明、勇敢、坚毅的意志品质和良好的心理素质，促进学生可持续健康发展。

2."亲越特别作业"主题实践

从学生的生活实际出发，结合特殊时间节点开展相关德育实践活动，引导他们在生活境遇和真实体验中感悟和习得品质。开展"寻找自己优缺点""做一件感动家长的事"等"亲越特别作业"行动，结合不同主题开设专题课，带领学生总结分享，感知对生活的热爱、对家人的感恩和对社会的责任感，从中引导学生体悟作为社会人角色的自我肯定和发展的必要性。

3.生活技能实践

开展安全教育、急救实践、防疫抗疫常识课、团队雏鹰争章结合的红领巾实践、春秋季研学实践、公益实践活动等，面向全体学生，突出实践性，强调学生亲自参与、主动探索，不仅学会生存技能，也能从体验中得出感悟和精神收获，并内化为可贵的精神品质。

（六）协同育人

利用校外资源，合理协调学校、家庭、社区、社会的力量，形成"家—校—社"联合互动格局，以帮助学生健康成长、可持续发展为目标，协同育人，充分发挥德育课程的整体育人功能。

1.家校融合育人

以家校"慧"课程为载体，积极构建家庭、学校、社会一体化教育体系，家校合力，协同育人，共育青青学子。家校"慧"课程是学校根据教学实际设计的家校协作模式，包括四个模块：模块一，创建"家校共育慧"家长学习平台，传授家庭教育经验，分享爸妈育儿智慧，认同学校的育人理念和生态课程体系，更新家长和教师的教育理念。模块二，成立"家长智库"，开设"青爸·青妈课堂"，传授各个领域知识和经验，拓宽学生知识面，增强亲子沟通效果。模块三，开展家校"慧客厅"，专家们和家长们一起就中学生焦虑的那些事儿展开探讨。模块四，开展"四方慧谈"，举办沙龙，学校、学生、家长、专家四方共同致力于解决孩子的教育问题，与时代同行，做智慧家长。

2.共建单位融合育人

发掘社区教育资源，加强区域内各单位合作，有计划地开发校外教育，让学生走进社会、融入社会，关心关爱老人，参加社会事业并在体验中提升素养。例如，邀请区法院法官、法制副校长、区检察院检察官等作为顾问，成立少年法学院、检察官工作室等，开发法治教育课程，通过举办讲座、组织参观、案例分析、法律宣传、知识竞赛等多种形式，加强法律普及教育，不断增强学生法治意识，提高了学生法治观念，为融入社会夯实基础。

五、评价体系

（一）评价目标

以社会主义核心价值观为指引，发挥"亲越"德育评价对学生品德发展的指导作用，进一步提高学生的道德认知与道德行为水平，涵养学生的道德思辨能力和价值信念。建立起面向全体学生思想政治教育管理育人、课程育人、文化育人、实践育人、活动育人、协同育人的体系，培养有理想、有本领、有担当的时代新人。通过对自律、自主、自信的"三自"育人目标德育体系的设立，使学生学会学习、健康生活，具有责任担当、实践创新能力、人文底蕴和科学精神。

（二）评价方式

1.多元化"亲越"德育评价主体

采用学生自评、小组互评、班级评定、任课教师评议、家长点评相结合的评价方式，按一定权重比例确定优秀、良好、合格、待评四个等级，构建评价主体多元的评价机制。

2.整体化"亲越"德育评价机制

运用表现性评价、即时性评价、过程性评价等多种方式，关注学生道德认知和品行表现的过程与结果。通过即时评价与积极反馈，发挥德育评价的诊断、引导、激励等价值功能。

3.常态化"亲越"德育评价周期

对学生德育评价有周评价、月评价、学期评价、学年评价。通过周评价、月评价、学期评价、学年评价，对学生的评价实现可视化，最后对学生进行综合性评价。

六、保障体系

（一）组织保障

成立"亲越"德育体系开发领导小组，校长任组长，全体教师参与体系开发。明确"亲越"德育体系的目的。坚持教研制度，保证校本课程的开发与实施工作不断地完善和向纵深发展。加强德育统筹，形成教育合力，协调社会、家庭，为开发德育课程提供保障。利用网络积极宣传德育体系，营造良好的社会舆论氛围，探索建立学校、家庭、社区有效参与的新机制。

（二）师资保障

针对不同层次教师，学校定期组织德育教育培训，提高教师德育教育意识和能力。组建包括德育教育专家、心理学专家等的德育教育团队，为教师提供专业指导和支持。组织教师参加德育教育研讨会和德育教育研修班、参观学习其他优秀学校的德育教育工作等，建立健全德育教育评估机制。通过定期评估，及时发现并解决德育教育中存在的问题，提高教育效果。

（三）技术保障

利用现代技术手段进行数据采集和分析，如大数据、人工智能等，可以为德育评价提供更加准确和便捷的数据采集和分析支持。建立德育评价数据库，可以存储和整理学生的德育评价数据，方便教师、家长和学生随时查看和了解德育状况，为后续的德育教育和个人发展提供参考。建立德育评价反馈机制，通过定期的德育评价反馈机制，及时发现和解决学生在德育方面存在的问题，为教师提供反馈，同时也为学生本人提供自我反思和改进的机会。

育人案例

"亲越"教育

让每一个生命向上生长

1

胜蓝最美通知书，遇见最美的你

一、育人理念

一份薄薄的录取通知书，承载和传递着一所学校厚重的精神内涵。录取通知书不仅是一页纸，更是一个育人课堂。校长亲自将录取通知书递送到新生们手中，这不仅是物品的递送，也是文化精神的传递。学校以"办一所让孩子喜欢、自豪、怀念的好学校"为办学愿景，以"让每个生命向上生长"为办学理念，坚持带给学生独一无二的"亲越"教育。精心设计的胜蓝录取通知书承载了校园浓厚的育人理念和文化，是一盏明灯，照亮新生们前行的道路，是赠与新生的第一份珍贵的礼物。

二、背景意义

自古以来，中国人总是将最浓烈的感情书写在最轻薄的纸张上。浓墨中的字里行间，藏着一份浓厚的情谊。录取通知书从多年前的一张白纸、几行文字变为如今的精心设计、精致制作，它的变迁更是时代进步的缩影。录取通知书也成了学校与新生之间"首度交流"的一种特别的方式，作为对学校的宣传和展示、对学校文化精神的传递。胜蓝用自己的方式，在入学之际为新生书写了特别的情愫，以此对新生表示诚挚的欢迎，表达殷切的期望。

三、实践做法

（一）设计目的

新生满载着对初中生活的美好向往，满载着欣喜与希冀，踏入学校大门，这预示着全新的初中生活的开始。一份录取通知书，代表了新生对学校建立起初步的身份认同、心理认同，校园文化精神开始向新生们"传输"。学校充分重视录取通知书的设计和制作，借助录取通知书的设计，向新生们展示胜蓝的校园美景，传递胜蓝的校园文化，表达对新生们的尊重和欢迎。

（二）设计理念

2021年7月，学校录取通知书以学校平面图为设计依据，在此基础上用手绘的形式真实再现了胜蓝校园的全景。端庄雄伟的大门、璀璨耀眼的银杏林、大气沉稳的校训石、绿草如茵的足球场、美轮美奂的射击馆、错落有致的教学楼……新生们不仅可以通过录取通知书快速了解各场馆的分布，还能第一时间感受校园的美好。胜蓝将是我们施展才华的舞台，是体现我们自我价值的地方，接下来的日子里，让全体"胜蓝人"一起同心、同向、同行，共同怀着"胜"的信念，在"蓝"天下奔跑。

（三）设计成果

这份录取通知书里盛满了学校对孩子的尊重和重视，饱含着对胜蓝学子的爱与期许。学校用心创作出一份让孩子们喜欢、热爱、珍藏的录取通知书，经过一个多月的设计、改稿、打样、制版，2021级初一新生的录取通知书终于新鲜出炉，并达到了令人满意的效果，这份"沉甸甸"的录取通知书，将在新生入学仪式上由校长亲自送到每一位同学的手上，这对同学们来说，是惊喜，是激动，更是一份希望，会成为孩子们一辈子的珍藏。

胜蓝"最美通知书"

（四）特色成效

"最美通知书"是给胜蓝学子在新生入学之际的生动的第一课。正如一位胜蓝新生收到录取通知书时所说："收到这份通知书，心情激动兴奋，愿更加奋力拼搏，做更好的自己。"这样温暖的仪式，不仅代表着对亲青胜蓝学子未来的期许，录取通知书这一物件对于毕业生的意义尤为深重。它不只是一页纸张，它代表着数年努力结出的果实、崭新旅程的首程车票。

这份胜蓝的"最美通知书"寓意深刻，让人怦然心动，不仅其呈现形式新颖，更有其蕴含的深意，给了亲青胜蓝学子求学前行的动力。一所学校的底蕴与传统，通过录取通知书潜移默化地传承给学生，使学生从中受到学校景物之美、人文之美的熏陶，融入学校，塑造人格，接受了一次精神洗礼。

2

520，向班主任说出爱

一、育人理念

学校的育人目标是"培养自律、自主、自信的亲青胜蓝学子"，育人目标的达成离不开老师们的教诲。习近平总书记曾言："一个人遇到好老师是人生的幸运，一个学校拥有好老师是学校的光荣，一个民族源源不断涌现出一批又一批好老师则是民族的希望。"[①] 为了激发班主任的工作热情，得到更多人的理解与支持，营造师生之间尊重、热爱、感恩的和谐氛围，学校每年开展"520"班主任节活动。

二、背景意义

师生之间的矛盾往往是由沟通不畅、理解有偏差导致的。因此，为营造尊重、理解、热爱、感恩班主任的和谐氛围，激发班主任工作的热情，促进班主任的专业发展，宣传大爱无疆、爱岗奉献的敬业精神，同时对一直坚守在班主任工作第一线的老师进行表彰，在每年5月20日这一天，学校举办学生对班主任的"爱的表达"活动，这个活动能够有效发挥学生的能动性，培养自律、自主、自信的胜蓝学子特质。

[①] 习近平：《做党和人民满意的好老师——同北京师范大学师生代表座谈时的讲话（2014年9月9日）》，《人民日报》2014年9月10日第2版。

三、实践做法

（一）爱的思考

学校邀请专家开展主题讲座，讲座内容坚持问题导向，针对班主任在班级管理过程中的关注点和需求点进行设计，涵盖班主任心理辅导、沟通技巧、家校合作及职业生涯规划等方面。专家通过鲜活的案例和深入浅出的理论，引导班主任对班级管理的实效性进行深度思考，透过现象看本质，思考现象背后隐藏的深层问题，使问题的解决更有针对性，可有效提升班主任的思考力和专业素养，增强班主任的自我认同感。

（二）爱的表达

5月20日这一天适合表达爱。大课间，胜蓝的箐箐学子来到校广播室，对班主任进行"爱的表白"。同学们的言语中透露出对班主任深深的爱。而教室里的同学们和班主任们也在认真倾听着这段温情表白，班主任们听着这些话语，很是动容。这一刻，同学们和班主任的关系进一步得到升华，也深深地感受到了师生间深厚的爱。

（三）爱的惊喜

在各班教室里，同学们都给班主任们准备了一份"惊喜"。伴随着动听的音乐，同学们将班主任请进提前布置好的教室里，为班主任呈现精心准备好的节目。同学们很是用心，有暖心的话、令人感动的歌曲节目、有韵味的藏头诗、自制的手工品，还有专门为班主任绘制的卡通画……学生代表为班主任献上鲜花。

（四）爱的书写

开展"我和我的老班"主题征文比赛，宣扬"关爱学生、乐于奉献"的班主任精神，让学生们充分认识到班主任是付出最多、最有爱心的人，是工作负荷最重、压力最大的人，是贡献最大、最值得敬重的人，也是最需要理解和支持的人。学生们别出心裁、精心撰写的"我的老班"，别具一格的角度、独树一帜的赞扬，无不彰显着学生对班主任的肯定和认可。

（五）爱的专访

学子们还用板报书写出了自己对班主任的感恩之情。一场场精彩纷呈的评比活动，在灿烂的青春中绽放，各班学生紧紧围绕"歌颂班主任"的主题，用手中的画笔描绘自己眼中的班主任，展现班主任的美好形象、工作场景、嬉笑怒骂的瞬间等，以丰富的色彩、巧妙的构图、多样的绘画风格，表达对班主任的热爱与感激，用彩色的粉笔勾画出一幅幅版式美观、内容积极向上、色彩鲜明的黑板报，让美育浸润整个校园。

四、特色成效

"520"班主任节的系列活动，把学生德育工作与学生的自我教育相结合，为学生的自我教育创设了独特的视角，激发了学生积极的情感体验，促进了学生自我发展。例如，"爱的表白"和"爱的书写"，能引导学生进行良好的自我教育：带着发现美的眼光去观察、了解班主任，学会了理解与反思；带着欣赏的心态去寻找班主任的独特魅力，捕捉班主任的闪光点，学会了欣赏与接纳；带着合作的态度、独特的视角去主动合作、达成目标，学会了沟通与合作。这些活动拉近了师生之间的距离，也增进了学生和班主任之间的感情，延展了学校德育工作的空间，使学生在潜移默化中培养了优秀品质，提升了德育工作的实效。

3

美丽班级，美丽前行

一、育人理念

学校始终致力于在班级文化建设中培养学生的自主性、自信心和集体荣誉感。我们坚信，一个和谐、美丽的班级环境不仅能够激发学生的学习热情，还能够促进他们的全面发展。在这样的环境中，学生们感受到被尊重和被理解，他们更愿意展现自己的才华和潜能，同时也更愿意为班级的荣誉而努力奋斗。这种积极的班级文化氛围不仅加强了学生之间的团结合作，还为他们提供了一个良好的学习与成长平台，使他们能够更好地实现自己的价值和梦想。

二、背景意义

2022年9月，学校启动了"美丽班级"评选活动，旨在让每个班级成员都积极参与到班级建设中来，鼓励学生展示班级的内在美与外在美，培养学生的团队合作精神和班级归属感，以激励他们创造和维护一个充满向上和活力的学习环境。评选活动的开展不仅是对学生自主性和创造力的一种肯定，也是对他们责任感和团队协作能力的一种培养。通过展示班级的美好之处，同学们不仅能够增强对班级的归属感，还能够学会如何与他人合作，共同创造一个亲悦的学习环境，从而为全体班级成员带来更多的正能量。

三、实践做法

（一）班级环境的美化

各班积极响应，通过布置绿植、班级信息栏、黑板报、荣誉墙等，创造一个温馨、有序的学习环境。例如，701 班门口整齐的绿植、702 班充满活力的班级文化、703 班寓意深刻的班徽和班训等，每个细节都体现了学生的创意和劳动成果。

（二）班级文化的塑造

班级不仅在视觉上进行了美化，更注重班级软文化的建设。各班围绕"静心修身，立志成才"等班训，开展丰富多彩的班级活动，通过图书角、学习小组、班规制度的建立，增强学生的学习动力和班级凝聚力。

（三）积极参与，各具特色

在"美丽班级"评选活动中，每个班级都展现出了独特的风采。从"笃志3 班""实力无限，勇往直前"的励志口号到"青胜 4 班"的班训"Work hard, play hard"，再到"非凡 5 班""共荣辱、共坚持、守规则"的班级理念，每个班级都在努力书写属于自己的精彩篇章。

（四）班级考核，共创佳绩

1.提升班级整体形象

通过"美丽班级"评选活动，学校成功营造了一个良好的育人环境，使每个班级都展现出了独有的文化特色和美丽形象。这些美丽的班级环境不仅吸引了师生们的目光，也为整个校园增添了生机和活力。

2.增强学生审美和实践能力

参与班级文化建设过程，学生们积极参与布置绿植、班级信息栏、黑板报等美化环境的活动，从中培养了审美意识和实践能力。通过这些实践，同学们学会了如何设计布置班级环境，让班级更加美丽和有活力。

3.培养学生自信心和集体荣誉感

学校注重班级软文化的建设，通过制订班级活动计划、建立班级规章制度等方式，培养学生的自信心和团队合作精神。学生们在班级文化建设中感受到了集体的力量和荣誉感，增强了对班级的归属感和责任感。

4.激发学生学习动力和班级凝聚力

班级文化建设不仅在视觉上美化了班级环境，更注重班级文化的塑造。各班围绕班训开展了丰富多彩的班级活动，通过这些活动，激发了学生的学习动力和班级凝聚力，使班级成为学习、成长的温馨家园。

四、特色成效

"美丽班级"建设成功营造了一个积极向上、和谐美丽的班级文化氛围，促进了学生的全面发展和健康成长。通过参与"美丽班级"评选活动，学生们理解了感恩和前进的重要性。他们意识到自己的努力和付出可以改变班级的环境和氛围，从而更加珍惜和关爱自己的班级，为班级的美丽与和谐共同努力。学生们在这样的班级环境中茁壮成长，不仅学会了团队合作和自我管理，更培养了对美好生活的向往和追求，为未来的发展奠定了坚实的基础。

4 青"悦"书香，品读经典

一、育人理念

"让每个生命向上生长"是学校的办学理念，学校积极开展"悦"读节系列活动，减轻学生负担，提升学生核心素养，从课堂走向课外。"悦"读节活动根据育人总方向，设计学生喜欢的活动类型与活动方式，重构有效性、分层化、个性化、实践性等"悦"读活动，为促进学生健康成长与重塑良好生态赋能。

二、背景意义

书籍是人类进步的阶梯，能把人送到广阔的知识海洋中，"悦"读节活动真正做到了"让学生站在舞台中央"，展现胜蓝学子风采。"悦"读节旨在让同学们汲取中外名著精华，丰厚人文素养，培养终身受益的阅读习惯。学生在这一过程中不断提升自己的阅读能力，拓展自己的学科知识。

三、实践做法

（一）2021年"悦"读节主题："诵经典，传薪火"

1.语文组开展的活动

一是"TA，改变了我"经典故事分享（七年级），利用中午时间，每天一个班级的同学（也可以分工合作）通过广播站分享他们与经典的故事，诵读一段经典并分享感受，传递经典文学的动人力量。二是"与书香相伴"主题黑板报制作与评比。三是"与好书相遇"彩虹书目制作比赛，以年级为单位，七、八年级进行"与好书相遇"彩虹书目制作比赛，并在校园内展示，搭建丰富多彩的学生活动平台。四是"诵经典　传薪火"图书义卖，七、八年级举办图书义卖活动，用书互相激励，用书传递温暖。

2.英语组开展的活动

一是（寻·初心）师生共读《共产党宣言》（英文版）。《共产党宣言》是全世界共产党人第一个共同的最高纲领，是一切共产主义者为全人类彻底解放而奋斗的初心的表白。以此激励同学们从点滴做起，始终不渝、坚持不懈地追逐自己的梦想。二是（咏·经典）师生共唱《国际歌》（英文版）。《国际歌》是一首全世界无产阶级革命的战歌，鼓舞着全世界无产阶级为彻底推翻旧世界、建立新世界而斗争。用学生喜爱的方式歌唱，让学生感受红色文化的另一番韵味的同时，也把经典的《国际歌》用英语传唱起来。三是（扬·正气）师生共咏《七律·长征》（英文版）。《七律·长征》这首诗歌形象地概括了红军长征的战斗历程，热情洋溢地赞扬了中国工农红军不畏艰险、英勇顽强的革命英雄主义和革命乐观主义精神。激励学生弘扬"红军不怕远征难"的精神，征服学习、生活上的一座座高山、一条条大河，珍惜现在的幸福生活，传递满满的正能量，好好读书，做更优异的红色传人。

（二）2022年"悦"读节主题："Roaming in the book"

为丰富学生们的课余生活，拓展英语知识面，学校英语组的老师们精心设计活动。一是推荐阅读书目，全员阅读，让学生们在遨游书海的同时，养成良好的英语阅读习惯。英语老师带领学生一起欣赏美文"Youth"，同学们根据推荐书目进行美文阅读，或是亲子阅读，或是自主朗读，用视频的形式记录。清新舒朗的语调、打动人心的片段，给学生留下深刻的印象。二是组织美文摘抄比赛，学生优美的英文书写跃然纸上，令评委老师啧啧称赞。三是开展美文书评活动，将阅读原著的感想与思考记录下来，与老师分享。

（三）2023 年"悦"读节主题："心中的亚运，眼中的杭州"

为讲好亚运故事，弘扬奥林匹克精神，营造亚运的浓厚氛围，打造杭州"赛事之城"的国际化形象，推进基础教育领域开展国际理解教育，助力共同构建人类命运共同体，学校举行"心中的亚运，眼中的杭州"GoodTal（地球村）国际青少年双语演讲"悦"读节活动。选手们用流利的英语、生动的表演，绘声绘色地描述着自己对杭州亚运会的渴望，抒发着自己对杭州的热爱，阐述对亚运精神的个人理解以及对为国争光的运动员的崇拜。评委老师从演讲内容的选择、语音语调、仪态举止等方面做现场指导。

四、特色成效

学校"悦"读节活动的设计与实施具有三个特点：第一，在兴趣点上，将符合兴趣与激发潜能相结合，活动设计时整合有利于提高学生学习兴趣的内容与形式，调动其主动性与积极性，增加挑战性与趣味性。第二，在能力点上，依据学生能力差异开展基础类、巩固类、拔高类等有针对性的活动，满足各层次学生发展需求，创造最优发展环境。第三，在生长点上，着眼于学生的终身发展，将核心素养培育与活动内容、形式相融合，培养学生适应社会发展的良好品质。引导学生采用团队合作方式完成项目，培养学生的沟通与协作能力。

学校"悦"读节充分重视整体性，活动开展涵盖英语、语文、历史等学科，具备学科德育中的整体性特点。从课上的书本学习走向课外的名著导读，从个人自主阅读走向小组合作和教师辅导；通过社团活动、"Ta改变了我"经典故事分享、"与好书相遇"彩虹书目制作、红色经典演绎等丰富的活动实现学科育人。"悦"读节活动培养了学生"好读书、读好书"的阅读习惯，这是实现终身阅读的有效途径。

5 科技点亮梦想

一、育人理念

"给学生创造自由想象的空间，给学生创造自主探索的空间，给学生的梦想插上翅膀。"通过践行创新人才培养模式，促进科教融合，培养学生的创新思维及跨学科学习能力，同时也为全体学生搭建科学探索、创造与交流展示的平台，提高学生的科学素养。

二、背景意义

教育、科技、人才是全面建设社会主义现代化国家的基础性、战略性支撑，三者是一个有机整体，相互作用又相互促进。坚持科技是第一生产力、人才是第一资源、创新是第一动力，把这三者更好地结合起来，为加快建设教育强国、科技强国、人才强国指明前进方向和实践路径。为贯彻落实教育强国、科技强国、人才强国精神，提高学生科学素养，传播科学知识，培养科学思维，激发对科学的兴趣和热情，学校每年举办科技文化节，为学生提供丰富多彩的活动，拓宽视野，增长知识，不断提升综合素养。

三、实践做法

（一）巧手亮智慧，"鸡蛋撞地球"

"鸡蛋撞地球"活动诞生于20世纪80年代的英国，青少年们开动脑筋，探索让鸡蛋从高空坠落却不破损的方法。胜蓝学子跨越了时空，与前辈们思想碰撞，并在前人的基础上加以改进，探寻鸡蛋下坠而不破裂的奥秘。学生们开动脑筋，运用所学的知识利用各种材料保护鸡蛋，鸡蛋在"穿"上层层外衣后，将由学生们从四楼连廊处放手使其自由下落，在鸡蛋不破裂的前提下，质量越轻、结构越简单，得分越高。在老师们的指引下，同学们按照班级次序，有序开展制作，在规定的时间内完成对鸡蛋的保护装置。来自不同班级的同学们都自信满满，利用提前准备好的材料制作了五花八门的保护装置。有的给鸡蛋穿上了厚实的"外衣"，以减少鸡蛋落地时受到的力；有的为鸡蛋准备了降落伞，色彩斑斓的降落伞纷纷在空中展开，减缓了鸡蛋降落的速度；有的充分发挥动手能力，在鸡蛋外搭起了形状各异的支架支撑。

（二）放飞梦想，科技腾飞

水火箭是一个利用质量比和气压作用而设计的玩具，也是物理教学中经常用到的典型案例之一。水火箭又称气压式喷水火箭，是用废弃饮料瓶制作而成的一种玩具，寓教于乐，深受广大青少年的喜爱。在各个科学老师的带领下，学生们以班级为单位，纷纷制作起来。在30分钟内，学生们将自己的火箭组装完成，并加以修饰。学生们有的给火箭装上了炫酷的尾翼，让火箭在空中飞行时能保持平衡；有的给火箭安上了漂亮的火箭头，减小它飞行过程中受到的空气阻力；还有的学生往瓶中液体里加了"小料"，使瓶中发生化学反应以喷射得更远。最后，学生们来到操场，把火箭固定到发射装置上。用打气筒向内打气，当气压增大到一定程度后，利用"力的作用是相互的"这一原理，成功使火箭发射。

（三）筷子搭桥，变废为宝

桥梁是我们生活中不可缺少的物体。筷子搭桥是一项深受广大青少年喜爱的活动，它是利用筷子、牛皮筋等物品制作而成的手工桥。本次活动中，同学们所用的筷子都是家里闲置的一次性筷子，同学们发挥聪明才智，实现了资源的重复利用。在科学老师的引导下，学生们以班级为单位，开始有条不紊地制作起来，时间为30分钟。他们有的给筷子绑上皮筋，让它更加牢固；有的涂上

502 胶水，防止筷子掉下来；还有的用透明胶将筷子紧紧地缠绕在一起。同学们拿着自己爱不释手的筷子桥来到"劳动科技节"打卡处测重量。在现场，同学们小心翼翼地将砝码放在筷子桥上以检验桥的承重能力。同学们在欢快的氛围中了解桥梁的原理，真正地体会到了科学在生活中的妙处。

四、特色成效

学校科技作品展区的展台上布满了同学们脑洞大开、巧手制作的手工作品："鸡蛋撞地球"的模型、水火箭、筷子桥……让人目不暇接。学生结合课上所学知识，利用生活中随处可见的废旧材料，通过自己的大胆创新和灵巧的双手，制作出这些手工作品。一件件精巧别致的展品，或体现环保意识，或蕴含生活美学，或展现家国情怀……学生们在创作中感受着变废为宝的力量和科技制作的快乐。科技节活动给学生创造了自主探索的空间，培养学生讲科学、爱科学、学科学、用科学的意识，全面提高了学生的科学素养。

6

少年有梦，"艺"路同行

一、育人理念

艺术节，作为学校德育项目活动的重要环节之一，给学生提供展示自己的舞台，让每个学生能够站在舞台中央，让每个生命向上生长。艺术节活动融文化、艺术于一体，寓爱国教育、美育于其中，活动内容丰富，亮点精彩纷呈，是学校素质教育和特色办学成果的一次大展示，更是对学校坚持"五育并举"、落实立德树人任务的一次集中检阅。

二、背景意义

为培养学生的艺术素养，促进学生全面发展，拱墅区及杭州市均开展丰富多彩的艺术节活动。学校依托区内活动开展艺术节，艺术节能够全面提升学生审美和人文素养，展示学校师生的各项才艺，促进校园文化建设，提升师生的文化自信，推进以美育人、以美化人、以美培元，展现学校师生朝气蓬勃、健康向上的精神风貌，让广大师生感受到艺术的魅力，提升文化艺术素养，培养向上生长的生活态度。

三、实践做法

（一）"融春·衍彩"书画作品展

为活跃校园文化艺术氛围，弘扬优秀传统文化，学校开展艺术节系列活动之学生书画作品展，展示学校的素质教育成果。作品包括：国画、书法、插画、速写、素描等。题材内容丰富，表现形式多样，充分展示了胜蓝学子的艺术才华。同学们以饱满的激情，挥毫泼墨，舞动丹青。一张张清新亮丽的画作、一幅幅精美的书法作品，在线条和色彩间，他们用稚嫩鲜活的画笔描绘、书写，表达对自然的热爱、对生活的热情、对艺术之美执着的追求。

秉承传统临经典，联动古今创新作。在同学们的眼中，书法、篆刻是艺术瑰宝，也是能融入生活、接地气的艺术产品，更是将中国书法教育与中华传统文化美德、清廉教育相互融合，在传统艺术教学中融入清廉因子，以清为美，以廉为荣，共促清廉校园建设。

（二）"胜蓝好声音"十佳歌手大赛

为展示校园风采，丰富学生校园生活，弘扬真善美品格，学校每年开展"胜蓝好声音"十佳歌手大赛。在海选阶段，采用每位选手清唱2分钟自选歌曲的选拔方法，由评委投票选出后方可进入复赛。选手们井井有条上台表演，在舞台上大放异彩。清泉般的歌声绕梁三日而不绝，为同学们带来沁人心脾的愉悦。一曲终了，进入复赛的选手都得到了一张晋级卡。

复赛阶段，选手们抽签决定演唱顺序，开始新一轮的比拼。各班派一名学生评委进行投票，结合老师的打分，全校总分最高的前十位选手进入决赛。

在元旦文艺会演的舞台上，进行校园十佳歌手冠亚季军的角逐。决赛的评委由学生代表、家长代表及专业教师组成。三组选手分别展示，角逐冠军，在高亢悠扬的歌声中，回首过去，展望未来。

四、特色成效

艺术节活动营造了积极向上、和谐高雅的校园文化。通过艺术节的展示和选拔，学校在美术类、音乐类、朗诵类等各级各类比赛中取得了优异成绩。例如，2023年的艺术节，王同学获得海报设计区级一等奖，李同学斩获书法作品区级一等奖并推荐参加市级比赛，叶同学的《渔舟唱晚》古筝弹唱获得市级二等奖……

文化铸就校园品质，艺术凝聚育人理念。在胜蓝，学生总能找到展示自己的舞台；在胜蓝，总能遇见闪闪发光的自己；在胜蓝，我们遇见，我们感恩，我们成长；在胜蓝，最美的时光，我们在一起，一起向上生长。

7 "亲青"学子画笔下的校园大事记

一、育人理念

艺术教育是素质教育不可或缺的组成部分,是实施美育最主要的途径和内容,能够培养学生感受美、表现美、鉴赏美、创造美的能力,引导学生树立正确的审美观念,陶冶高尚的道德情操,激发想象,促进学生的全面发展和健康成长。根据学校培养"自律、自主、自信"青少年的育人蓝图,让每一个胜蓝学子站在舞台中央,在新年伊始,让同学们以绘画的形式记录下校园一年大事记。小小的作品,意蕴隽永,承载着学生对校园的美好祝福,促进"五育并举"的推行。

二、背景意义

回首耕耘处,聚力向未来,全体"胜蓝人"铆足干劲,以奋进的姿态不断向上生长,收获累累硕果。2023年,学校中考再创佳绩,在拱墅区现代化优质学校评估中获最高级4A+级。青出于蓝而胜于蓝,胜蓝正以看得见的"加速度"变得越来越好。主动跑起来,才会有风来。始终带着"胜"的信念在"蓝"天下奔跑的"胜蓝人",努力向上生长!

美育在学校教育中的作用日益重要,实现以美育人、以美化人、以美培元,促进学生的全面发展和健康成长是美育目标。在此基础上,学校将美育与校园大事记回顾相融合,通过学生手绘,充分发挥美育在学校教育教学工作和学生培养中的重要作用。

三、实践做法

1."胜蓝欢迎你"

"红·赋胜蓝"强发展，清廉之风润校园：在拱墅区教育局党委的领导下，学校以"围绕教育抓党建，加强党建促发展"为目标，亮招"五红"举措，构建"红·赋胜蓝"的工作愿景，扎实推进党组织领导的校长负责制，让党建引领学校发展，赋能学校发展。学校被评为"杭州市清廉学校"示范点，党支部获得拱墅区教育系统"头雁支部"称号，"亮招'五红'，让红色引擎赋能胜蓝教育"被评为拱墅区教育系统党建工作优秀案例。浙江省委常委、组织部部长王成莅临学校指导工作，对学校先进的办学理念和办学特色给予高度肯定和赞扬。全体"胜蓝人"将一直带着"胜"的信念，在"蓝"天下奔跑，一起努力向上生长，擦亮学校党建工作品牌，努力办好运河边的高质量教育。

2."春"

领导关怀赋能量，"拱·有优学"强胜蓝：2023年3月28日，拱墅区区委书记李志龙一行赴学校进行教育工作视导。在校园走访中，李书记赞叹校园文化浓郁，教师精神饱满，学生积极热情，充满了向上生长的力量。他对学校在优化教育资源配置、品牌辐射等方面走出的新路径给予充分肯定，相信学校会越办越好，胜蓝的品牌、口碑也会越来越好。2023年的拱墅区优质学校督导评估中，学校获得4A+的好成绩，实现了办学水平三级跳。我们将继续坚守教育初心，担当育人使命，深入推进名校集团化办学，为打响"拱·有优学"教育品牌，为进一步擦亮拱墅教育金名片贡献胜蓝力量。

3."落樱尽开"

专家引领拓视野，聚力前行启新程：2023年4月11日，中国教育科学研究院拱墅实验区工作推进会议暨重点项目推进会议在胜蓝举行，中国教育科学研究院副院长陈如平，区域教育研究所所长安雪慧、副所长吴建涛等一行来校调研指导。5月29日至31日，中国教育科学研究院基础教育研究所所长李铁安携李振文、谭霞博士一行莅临学校调研指导。专家引领拓视野，聚力前行启新程。学校在今后的发展中，进一步借力中国教育科学研究院的引领，促进各项工作的发展，让中国教育科学研究院的品牌辐射周边，完善新蓝图，谋求新发展，焕发新生机，努力办一所让学生喜欢、自豪、怀念的好学校。

4. "竹韵"

轻负高质悦课堂，科研强校谱新篇：2023年4月11日，学校举行了浙江省规划课题"'轻悦'课堂：基于"四学"进阶的初中生学习样态变革的实践研究"开题论证会。中国教育科学研究院区域教育研究所所长安雪慧、浙江省教育科学研究院副院长程江平、杭州市教育科学研究院副院长沈美华、拱墅区教育研究院副院长谢卿等专家莅临现场指导。专家组对课题实施的科学性与可行性进行评议论证，进一步厘清了课题研究的思路，为研究工作指明了方向。2023年学校教科研成绩斐然，近百人次获得省、市、区各级各类奖项。

5. "奔跑的追梦人"

三尺讲台展青春，数字赋能竞成长：2023年，学校第三届"育蓝杯"教学比武之课堂展示决赛暨"新秀杯"选拔赛圆满成功。学校作为拱墅区数字教育创新学校、拱墅区智能研修平台应用试点，在平台数据的支持下，通过课堂分析循证，结合教学行为分布、参与度曲线、S-T图等，让教师的课后反思变得有据可依，促进教师专业化发展。学校以赛促研，鼓励教师对课堂教学进行探究，在常规教学以外拓展全新思路，开辟更大空间，引导学生学习，给学生提供差异化的成长之路。

6. "青，吃饭啦"

精准服务稳提质，中考再创新辉煌：聚力生长，未来可期。为了给九年级同学加油打气，我和九年级各班家长代表提早一天在食堂一起为九年级同学包粽子。一个个精巧的粽子兼具竹叶的翠、糯米的软和鲍鱼的鲜香，寓意"包高中"，也寄托着学校和家长对同学们殷切的期望。"三越"班培优补偏，精准升学服务到人，质量分析精准多维，教师调研全面铺开，目标激励循序渐进。6月，功夫不负有心人，我们迎来了收获的季节，学校2023年中考又创佳绩，多项数据创下新高。我们将继续全面落实"双减"政策，精准施策，为进一步提升教学质量蓄力。

7. "青春有你"

仪式满满有"心"意，笑脸盈盈"生"幸福："青，胜蓝欢迎你"拱门、长长的红毯、缤纷的气球是对新生们的热烈欢迎，立体定制录取通知书，一枚枚象征着胜蓝中学的校徽，从我手中传递到同学们的手上，是惊喜，是激动，更是一份希望。新学期开启，学校融合亚运元素，举行了一场热烈的以"胜利启航，爱达未来"为主题的迎新仪式，以此激励同学们热爱运动，奋发学习，向上生长，爱达未来。同学们还收到了我分发的奖品——学校的定制吉祥物和一份寓意满满的水果，其中，苹果寓意着平安喜乐，橙子寓意着称心如意，芒果寓意着光芒四射……这些丰硕的果实里满载着老师对同学们的殷切希望和祝福。

8. "荷舞清风"

"吾育·吾秀"展风采，"亲青"学子齐绽放：为构建良好的教育生态，促进学生德智体美劳全面发展，学校开展了"把红色唱进心里"、"融春·衍彩美术展"、"青秀台"、"青青驿站"、"青，校长喊你吃饭啦"、"青·胜"国防教育、"青清园"及多彩社团等系列德育活动，给学生提供了展现自我的舞台，让学生在活动中发现与培养多方面的兴趣、能力及创造力，有效地促进学生健康发展。学校学生在各级各类比赛中成绩斐然，共有200多名学生在科技、体育、艺术等比赛中获得佳绩，真正体现了胜蓝学子自律、自主、自信的风采。

9. "硕果累累"

"青蓝"相继促成长，"轻悦"同行结成果：胜蓝是一片师生成长的沃土，学校英语教研组被评为"杭州市先进教研组"。英语教研组由12位专任教师组成，秉持学校"让每个生命向上生长"的办学理念，在实践中行走，在行走中追求，坚持树人树己，向上生长，是一支有力量、重细节、敢挑战的优秀团队。英语教研组团队协作，共同学习，不断突破。教研活动基于教学实践中的真实问题展开，深入研讨，形成体系。在组内多位名师的带领下，进行行动研究，形成区域辐射，多人次在省、市、区教学比武和课题、论文等方面获奖。

10．"叠翠流金"

家校共育慧爱生，多方合力伴成长：家庭是少年儿童健康成长的摇篮，家庭教育关系到孩子的终身发展。2023年，拱墅区教育局妇联、拱墅区教育研究院学生成长研究中心联合发布了"全区中小学家校合育'五个一'行动倡议书"。学校结合"五个一"中的"一种家庭仪式"，开展"小小仪式感满满幸福感"微论坛。优秀家长分享经验、专业老师交流见解，让与会家长们收获颇丰。2023年，学校还开通了公众号"家校共育慧"专栏，"家长汇"分享教育心得，"我的青爸·青妈"讲述学生与父母的故事，给家庭沟通搭建了桥梁。

11．"登高"

校际交流启新思，博采众长共发展：它山之石，可以攻玉。校际交流和学习可以促进学校向更高质量发展。2023年，香港中文大学（深圳）基础教育集团、河南省唐河县、辽宁省盘锦市、甘肃省白银市、金华市南苑中学教育共同体德育团队等多批次考察团来校参观交流。学校教师赴香港曾璧山崇兰中学、中国教育科学研究院丰台实验学校、中国教育科学研究院厦门实验学校、绍兴市建功中学等交流学习。每一次的参观、交流、碰撞，不仅是对学校工作的展示和检验，也是对学校发展和教师成长的鼓励和鞭策，全体"胜蓝人"会一如既往地务实肯干，努力进取，践行"三同"教风，一起助力学校向更高质量发展。

12．"胜蓝·秋"

胜蓝温度暖人心，共享共乐共幸福：让学校更温暖，让老师更幸福。科学组巾帼文明岗以爱心、细心、耐心、责任心服务于师生和社会，以点滴行动传递爱的温暖。学校工会组织各项独具胜蓝温度的教工活动，有"芳'花'自在送幸福"为主题的"女神节"花艺体验活动、端午节的包粽子活动、六一儿童节给教工子女送"加油包"活动、"瑜"悦身心的教师瑜珈俱乐部活动、"青蓝相承，共续弦歌"新老教师迎中秋茶话会、"呵护颈椎，健康一生"专题讲座、冬季运动月开跑仪式等活动，无不让每一个"胜蓝人"感受到温情与幸福，蓄力前行。

四、特色成效

以学生之笔，绘校园事迹，通过这项活动，学校提供给学生发光发热的舞台，相信每个孩子都是闪光的，不应仅仅看学习成绩而掩盖他们的锋芒，切实贯彻"让每个生命向上生长"的办学理念。

8

心愿机票，飞向未来

一、育人理念

　　"带着'胜'的信念，在'蓝'天下奔跑"是学校精神。学校在九年级学子最关键的一年，引导九年级学生锁定目标，奋斗拼搏，一同带着"胜"的信念，在"蓝"天下奔跑起来。学校"亲越"德育活动——"心愿机票"，便是旨在鼓励和引导九年级学生开启各自青春无悔的奋斗之旅，以"心愿机票"为载体，目的地是未来，动力是无限，带上师长和亲友的祝福，全力以赴，目标不至，奋斗不止。

二、背景意义

　　新学期的开始，对于九年级学生而言，意味着离中考又近了一步。为了鼓舞学生继续奋勇向前，努力营造积极向上、温暖温馨的校园学习氛围，学校为九年级学生举行了中考"心愿机票"的挂登机牌仪式。私人定制的"心愿机票"，飞往不同的梦想高中学校。该活动作为学校特色的"亲越"德育活动载体之一，引导并鼓励九年级学生坚定目标，拼搏奋斗，逐梦远行。九年级学生在"心愿机票"的中考励志活动中感悟深刻，有助于在之后的中考冲刺阶段坚定理想，坚守初心，拼搏奋斗，勇担使命，在青春最该奋斗的时光中绽放光彩。

三、实践做法

（一）提出倡议，分发机票

九年级学生进入了学习生涯最关键的时刻，即将迎接中考。为了鼓舞他们奋勇向前，学校"心愿机票"准时上线。号召全体九年级学生认真思考自己的目标高中学校，与家人一起完成自己独一无二的"心愿机票"，向新的目标进发。

（二）书写机票，发出宣言

一张张私人定制的"心愿机票"，代表着同学们不同的青春梦想，代表着同学们即将通过中考飞往不同的梦想高中学校。九年级的胜蓝学子们借此"心愿机票"，展望未来，锁定目标，与老师、家长、同学们一起在登机牌上写下自己的目标院校、前进宣言，自此更加拼搏奋斗，逐梦前行。

（三）悬挂机票，冲向未来

九年级学子带着自己的"心愿机票"，承载着师长和亲友的祝福，在校园的"三同"墙上郑重地悬挂自己的这份"心愿机票"，希望能够一飞冲天，在中考中取得更好的成绩。九年级的学长、学姐们即将走上中考的战场，七、八年级的学弟、学妹们也纷纷献上自己最燃的助力，除了祝福对联，他们还在现场大声喊出了自己的美好祝愿！来自学弟、学妹们特殊的现场祝福，使得九年级的学子感动万分，伴随着祝福和掌声也燃起了冲击中考的熊熊斗志。

四、特色成效

学校积极开展特色的"亲越"德育活动，通过"心愿机票"这一载体，引导胜蓝学子展望未来，锁定目标，与老师、家长、同学们一起书写青春宣言，共同拼搏奋斗，逐梦前行。九年级学子带着自己的"心愿机票"，在校园的"三同"墙上郑重地悬挂"心愿机票"。通过这样的特色德育活动，九年级的学生在中考临近之际，坚定梦想，奋斗中考；七、八年级的学弟、学妹们也受到学长、学姐们的激励。由此，全体胜蓝学子一同向着各自的奋斗目标奔跑起来。

相信梦在远方，路在脚下，点点星光，汇聚成万千气象。在"心愿机票"的中考励志活动中，师生携手，与胜蓝共奋进，与时代共成长，带着激情和勇气共赴青春之约，带着智慧和汗水共赴奋斗之约。

9 感恩母校，逐梦远方

一、育人理念

"树高千尺有根，水流万里有源。"作为中华民族的传统美德，感恩是一种持久的道德力量，是中华儿女必备的优良品质。学校以"办一所让孩子喜欢、自豪、怀念的好学校"为办学愿景，以"让每个生命向上生长"为办学理念，不断创新德育活动载体，在毕业生的离校教育工作中注重加强感恩教育和爱校教育，引导毕业生厚植饮水思源之情，感悟母校培育之恩，做爱校荣校的坚定守护者，常怀感恩之心，常立感恩之德，常行感恩之举。

二、背景意义

为深入推进主题教育走深走实，努力营造温馨、温情和温暖的校园毕业季氛围，学校借学生处在毕业生离校之际，围绕"感恩母校 逐梦远方——毕业生寄语"主题，开展毕业生感恩主题教育活动。该活动作为学校德育载体，引导并鼓励毕业生感念师恩，感念母校，逐梦远行。让学生能够坚持拼搏与奋斗，坚定理想与信念，坚守梦想与初心，传承耕读精神，勇担青春使命，在人生新的赛场上绽放出更加绚丽的光彩，续写胜蓝亲青学子的华彩篇章。

三、实践做法

（一）提出倡议，发起活动

骊歌悠悠，蝉鸣渐远，花开半夏，毕业如歌。学校在毕业生离校之际，面向学校九年级的全体毕业生，发起告白母校、寄语母校的感恩主题教育活动，鼓励毕业生们围绕"感恩母校　逐梦远方"这一活动主题，感念师恩，感念母校，写下一纸情长，对母校大声说出自己的爱。

（二）纸短情长，深情感恩

九年级的毕业生们积极响应学校的感恩母校活动，在自己即将毕业远行之际，利用自己的空余时间，认真回顾与母校的初次相遇、与恩师的过往交流，仔细回忆校园中的一草一木，以及自己在母校三年生活中的点点滴滴，并用文字写下自己对母校真挚的情感，表达浓厚的情谊，发出深情的告白。

（三）感恩告白，分享展示

毕业生们带着兴奋和不舍，怀着梦想和憧憬，用一颗感恩的心，纷纷发出自己内心深处最真诚的感恩之情。学校认真收集毕业生的感恩母校寄语并作珍藏，以校园展板、橱窗、公众号推送等形式，将部分毕业生寄语进行分享和展示，让这份毕业生与母校之间的情谊能够一直延续。

四、特色成效

通过"感恩母校　逐梦远方——毕业生寄语"主题教育活动，学生深刻地感受到母校曾经的教育在自己成长过程中所产生的影响，对学校和老师产生更为深刻的感激之情。通过这样的德育活动，让感恩教育不仅仅在学校课堂内发生，也能通过社会课堂加强对学生的感恩教育，引导学生用自己的实际行动报答母校的培育。建功立业新时代，让学校德育工作真正落到实处。同时，母校与校友之间建立联系，加强了交流和互动，毕业生也可以为学校发展提出建设性意见和建议，能在潜移默化中帮助胜蓝的学弟、学妹树立正确的中考目标，从而激励学弟、学妹以榜样为引领，奋发向上，提升学业。

部分毕业生寄语

寄语一：

在我眼里，胜蓝是一所很有激情的学校，这里有热情用心的老师们，有积极努力的同学们。胜蓝的老师都十分用心。班主任常常会和我们同甘共苦，每天给我们布置合理的学习任务，关心同学的成绩和心理健康。每当班级有重大活动，我们的班主任总会全心全意、尽职尽责地为我们做一切对我们有帮助的事。在课间，你也常常可以看见老师拉着一个同学，在书桌边，在窗台前，帮助他，辅导他的功课。有时也可以看到老师和同学敞开心扉，解决同学的心理上的困惑。学校为了我们有一个良好的身体，还每天组织我们跑操，让我们每一位同学劳逸结合，努力成为自然、自主、自信的人。相信每一位同学都不会忘记在胜蓝的美好时光，胜蓝是我们每位同学的一个人生起点，每位同学都不会忘记自己踏入胜蓝的那一刻，更不会忘记自己骄傲地走出胜蓝的那一刻。我觉得在胜蓝的每一天都是难忘的、美好的。

寄语二：

暂别

可曾记得——

我们挂着笑踏进

这方洋溢着快乐的教室，

遇见了你，我们最美的章老师，

你好。

师恩如山

感谢你们三年里带给我的感动、温暖，

感谢你们教会我选择与努力，

感谢你们在我迷茫时指引方向，

感谢你们相信我能创造奇迹。

我将带着你们的祝福，

去遇见更好的自己。

未曾忘却——

我们含着泪走出

那座充满着回忆的校园，

离开了你，我们最爱的胜蓝，

再见。

临别说起，亦笑相对。

10 在学生会竞选中"蜕变"成长

一、育人理念

学生会是学生的群众性组织，是学校联系学生的桥梁和纽带，是学校学生管理的重要力量。学生能在学生会工作中锻炼工作积极性、自觉性和先进性，不断进取和开拓创新，增强综合管理实力。教师根据"自律、自主、自信"青少年的育人蓝图，坚持理论教育与实践养成相结合，创新实践形式、拓展实践平台，加强解决实际问题与解决思想问题的结合，让学生在关心人、帮助人、服务人中构建物质帮助、道德浸润、能力拓展、精神激励，提升沟通、组织、协调能力，促进其全面发展。

二、背景意义

学校学生会由主席团、纪检部、文体部、宣传部四个部门组成，在学校的迎新、开学典礼、红色星期一、离队入团、休业式等各项校园活动中都有学生会成员的参与。学生们积极参与组织策划、悉心安排流程，保证活动顺利开展，在学生会中不仅协助学校管理和组织，还锻炼了自我管理能力、团队协作能力和人际交往能力。

学生会加强了在校学生间的相互联系，充分调动学生在学校活动中的作用，促进师生间交流。其设立有利于学校管理，增强学校活力，让学生通过多种活动，利用自我教育形式，互相帮助，互相监督，共同进步；有利于培养学生多方面能力，通过活动，使广大学生了解自身优势，充分发挥特长，锻炼各方面能力；有利于协调师生关系，有利于全面贯彻教育方针。

三、实践做法

（一）前期筹备，策划方案

在每次学生会干部纳新前，召集主席团及各部门部长召开内部会议，确定纳新时间、纳新形式、纳新地点。在该过程中，各位部长结合各自部门成员结构，根据自己部门发展方向提出本次纳新需求，设计纳新试题，有针对性地吸纳优秀成员。如结合现今短视频盛行情况，宣传部需要吸纳有视频剪辑经验的成员，文体部需要有舞台经验的成员等。各部门积极策划，讨论大致方案后，有序进行分工与组织。

（二）宣传造势，多方报名

宣传是现代社会非常重要的一项工作，能够有效地传递信息，帮助人们了解组织的宗旨和理念，增强公众的信任感和认同感。

在启动阶段，宣传部开展多途径造势：（1）广播站每日播放本届学生会主席纳新宣讲，渲染氛围；（2）制作纳新海报并张贴在校园各处，广而告之；（3）在青秀台开设纳新台，对各部门职务尚不明确的同学可在此处询问并沟通意向部门；（4）在班主任例会上做好各部门职责说明，让班主任留意并推荐优秀学生。

由于课余时间有限，针对想要参与纳新的同学也开设了多种报名途径：（1）在纳新台处报名；（2）年级组长处填写报名申请表；（3）直接向团委负责老师报名。报名结束后，通知各位竞选人员准备统一尺寸的海报用于个人风采展示，进一步宣传造势，扩大学生会干部竞选活动的影响力。

（三）纳新面试，多轮筛选

筛选是为了更好地匹配人才，供其所需，让学生们能够在其位谋其职。所以在学生会干部竞选中会安排多轮面试，尽可能多方面测试其工作能力、沟通能力、反应能力和临场能力等。

1.首轮面试

采用个人海报展示和分部门一对一测试、谈话的形式。海报用于展示个人风采和自身优势，简略罗列个人信息、获奖经历、兴趣爱好等。学校会将海报展示在校园青秀台等风采角，一方面考察竞选人员的信息罗列能力，另一方面也能够扩大竞选人员的影响力，让学生及教师们充分了解其个人信息，为接下来的面试投票环节积累人气。

在展示之后，根据报名人员所填报的意向部门进行分批面试，面试内容为在规定时间内完成相应试题。主席团主要考察策划能力及组织能力，试题内容为策划破冰游戏等；宣传部主要考察绘画能力、写作能力和剪辑视频能力，如设计活动海报、撰写向来宾介绍校园的通讯稿及设计介绍校园的镜头脚本等；文体部主要考察是否口齿清晰、语言流畅，是否具备随机应变的临场能力等；纪检部通过结构化问题考察是否能够给出合适恰当的解决问题的方式方法等。通过以上分部门测试，能够精准筛选出所需人才，进入下轮面试。

2.二轮面试

本轮面试主要考察竞选人员的才艺展示及反应能力，为确保竞选结果的公平公正，邀请各班学生代表、教师代表、家长代表作为评判员进行投票并计票，票选出各部门能力强的学生为最终确定人选。

（四）分配岗位，崭露头角

在各部门工作开展前期，通过新老结对的方式，对学生会新成员进行培训指导，在确保其能胜任岗位工作之后，再正式分配任务。在各项活动中，均能看到各部门工作配合，有序开展，完成了校内迎新、开学典礼、离队入团等各项大小型活动，也赢得了学生和教师们的一致好评。

四、特色成效

杰出的领袖或名人也不是一蹴而就的，在其读书时期往往会显露出更高的理想和志向，学生会正是一个能提供机会、提供环境的组织。每学年例行开展的学生会干部竞选活动是学生们自主管理、自主选举的最高体现。在各部门的协调配合下，进行方案策划、多轮面试、公平竞选，吸纳志同道合的学生会干部，形成良性循环。相信学生会干部们在胜蓝丰富多彩的活动中，定能成就自己，超越自己，成为自律、自主、自信的亲青少年！

11 "领袖课程" 孵化小领导

一、育人理念

"思想是行动的先导"，良好的思想道德素质是一名学生干部应具备的首要素质。因此，学校在建设学生会干部队伍时，一直坚持高标准严要求。在各项活动中，力求做到有教育意义、能锻炼或挖掘多项能力。每一位干部都有其独特的处事和解决问题的方式，也都具有远大的理想志向。学校为学生搭建成长平台，发挥自己的优势，让他们向上生长，超越自己，做更好的自己。

二、背景意义

学生会是学生的群众性组织，是学校联系学生的桥梁和纽带，是学校学生管理的重要力量。学生干部们在学生会工作中，锻炼工作积极性、自觉性和先进性，不断进取和开拓创新，增强综合管理实力。但如何提升他们的思维能力、工作能力，建立自己在大环境里的影响力，甚至培育有领导能力的学生干部，是一个亟待解决的问题。诚然，在各项活动中，学生干部们能通过实践出真知，但理论上仍需循循善诱，综合全面发展其领袖风范。

家校合作是当今社会教育的热门话题。随着全社会受教育水平的提升与教育理念的改进，越来越多的学生家长渴望参与学生的成长历程。越来越多的学校成立了家委会，把人才培养工作植入社会、家庭之中，探索校内教育与人才培养的"多元参与、合作共赢"之路，使办学模式和人才培养模式与时俱进，充满活力，有利于学校不忘自己的办学宗旨和育人底线，时时刻刻把人才培养质量放在首要位置，不受社会消极因素的干扰，形成家庭与学校、家长与教师协同育人的良性格局。学生干部成长训练营发动家长力量，为学生创建第二课堂，家校协同，合作共赢。

三、实践做法

（一）头脑风暴，拟定主题

要成为一名优秀的学生干部，需具备许多素质与能力，比如较高的思想觉悟、较高的自身修养等。在联络家委会代表表达意愿后，教师与家长沟通主题，围绕这个主题讨论主次详略，借助网络、专业书籍搜寻相关文字资料，激发灵感，最终根据主题敲定一个初步方案，并确认参会人数和时间地点。

（二）基于学情，合理安排

根据初定方案撰写讲稿，搭建框架，查阅相关事实案例，补充材料。从细节到板块，逐一沟通，并制作PPT，合理布局，用于讲授时展示。在该过程中，及时与家委会代表沟通联络，必要时需结合学生的年龄、学习能力等，参考相近主题的相关资料和视频，最后一起决定采纳有创意的、贴合学生干部实际情况的案例，整合好后进行修缮，审核通过后方可安排课程。

（三）领袖课堂，学优明智

课程内容过审后，与家委会代表敲定具体课程时间，并向学校相关负责人申请专用场地。在开课前，提前布置好专用场地，确保桌椅数量、各类电器能正常使用；部署好相关工作人员，如撰写活动稿、图像记录等；做好家委会代表的接待工作，保证其课堂的顺利开展。开课时认真做好记录，开课后及时合照留念。

（四）总结收获，聚力成长

由家委会代表授课的形式，相信学生们也鲜有机会接触，所以其收获与所学习到的知识也是课堂内接触不到的内容。学生干部们在课后抒发感想，整理思路，总结收获，为未来的工作铺垫坚实的理论基础。

四、特色成效

　　学生干部不是官，学生不是民，学生干部的本质是学生。因此，学生干部与学生之间不是上下级关系，而是平等主体之间的关系。但是，当学生干部这一特殊名词被冠于某位学生时，则意味着一种责任，意味着他将有不同于其他同学的使命。这里的使命就是学生干部应具备的素质和能力。

　　家长作为特邀讲师为学生干部授课的形式，转换了家长、孩子的单一关系，在某种程度上也是一种"言传身教"，潜移默化地影响孩子的健康成长。教育能力突出的家长分享经验，也能使学生家长在近距离交流中共同提升与学校合作的能力。通过这种方式，学生干部们也能够不断汲取经验，在各项活动中快速成长，一方面促成自己个人进步，另一方面也增强了家校合作的效果。

12

高效值周，我们有"招数"

一、育人理念

在值周过程中，学生可以亲身体验到"付出"与"收获"的关系，明白只有付出努力才能获得回报的道理。这种实践德育方式，往往比单纯的理论教育更加生动有效。通过劳动实践，培养学生的责任感、劳动观念、自我管理能力、团队协作精神和道德品质，为学生的全面发展打下坚实基础。

二、背景意义

为积极推进"五育并举"工作，促进学生德智体美劳全面发展，学校特推出"吾育·吾秀"系列活动。值周劳动是学校的常规劳动教育，旨在培养学生的责任感，增强劳动意识。班主任老师在前期分配值周任务，各位学生和家长认真、仔细、耐心地开展值周工作，有序、高效地完成了各项值周任务。

三、实践做法

（一）前期准备工作

准备学生岗位安排表，做到详细认真，责任到人；准备家长护校队安排表，时间、地点落实到人，家长做好登记工作。

（二）学生礼仪岗

礼仪岗学生在上学时间 6：50 和放学时间 17：40 准时到位。不管晴雨，准

时到岗，站姿标准。礼仪岗的同学们统一着装，站立如松，微笑着迎接老师和同学；放学时，目送老师和同学离校，并检查仪容仪表。

（三）自行车管理岗

管理岗学生 7：00 准时到位，精神饱满，耐心、负责、认真。2 位检查员自告奋勇争取此岗位，他们骑自行车上学，对于停放要求有经验。

（四）学生文明岗

文明岗学生 7：15、12：00 和眼操时间准时到位，分别管理一个班级，认真、负责。文明岗的学生对晨间准备情况、午间检查及眼操情况做详细记录，并把相关情况反馈给值周班长和值周老师，对相应班级起到监督作用。

（五）纪律安全岗

安全岗的学生检查大课间集队是否静、齐、快，是否有序，检查跑操队列整齐与否和各班纪律情况。安排 2 名同学检查全校各班请假情况并做好登记。安排 4 名同学检查 2 幢教学楼各教室的灯、风扇、电脑无人时是否关闭，是否有人员无故逗留教室。

（六）学生卫生岗

卫生岗学生在学校校医的带领下一日三次检查全校的卫生情况，对不足之处进行提醒和扣分，做得比较好的给予加分。

（七）值周班长

2 位值周班长每天负责巡逻不同时段各岗到位情况和红袖章佩挂情况，有特殊情况报告给班主任，保证能及时处理。1 名值周班长做好每天的加分扣分登记，并做好汇总。

（八）值周班主任

值周班主任 6：50 准时到达教室。值周班主任检查本班值周人员是否按时到岗，如遇特殊情况协调各个岗位，确保学校各岗不缺席，并组织本班正常的各项秩序，同时巡逻检查分管的年级。

（九）交接工作

值周班级周五清点各项值周工具，确保不遗失或损坏，在周五中午时交接给下周值周班级。

四、特色成效

学生值周工作的成效主要体现在以下几个方面：

（一）培养学生的责任感与自律性

通过参与值周工作，学生能够更加深刻地认识到自己是学校的一分子，有责任维护学校的整洁和秩序。在值周过程中，学生需要自觉遵守学校的规章制度，严格要求自己，从而培养出自律和责任感。这些品质将对学生未来的学习和生活产生积极的影响。

（二）增强学生的劳动意识和实践能力

值周工作让学生有机会亲身参与学校的各项劳动，如打扫卫生、整理物品、维护设施等。通过这些劳动实践，学生能够更加深刻地体会到劳动的艰辛和不易，从而增强劳动意识，珍惜劳动成果。同时，值周工作也为学生提供了锻炼实践能力的机会，有助于培养他们的动手能力和解决问题的能力。

（三）促进学生的团队协作与沟通能力

值周工作往往需要学生之间进行协作，共同完成任务。在这个过程中，学生需要学会与他人沟通、协商、分工合作，从而提高团队协作能力和沟通能力。这些能力对于学生未来的学习和工作都具有重要意义。

（四）提高学生的自我管理能力

在值周过程中，学生需要自主安排时间和任务，对自己的工作负责。这要求他们必须具备一定的自我管理能力，包括时间管理、任务管理、情绪管理等方面。通过值周工作的锻炼，学生的自我管理能力将得到提高，能更好地应对学习和生活中的挑战。

（五）营造整洁优美的校园环境

学生值周工作维护了校园的整洁和美观。通过学生的努力，校园的环境变得更加优美宜人，为师生提供了良好的学习和工作氛围，体现了学生对学校的热爱和责任感。学生值周工作不仅体现在培养学生的责任感、劳动意识、实践能力、团队协作精神和自我管理能力等方面，还直接为营造整洁优美的校园环境做出了贡献。

学生值周感想

一周的值周工作辛苦而又圆满完成，回顾一周的值周过程，本班值周同学各岗位能准时到位，值周同学团结，相互高度配合，各自履行好自己的职责。每位值周同学辛勤付出，使得整个学校的值周工作有条不紊地进行，体现了我班团结协作的精神。同学们在这一周整体表现十分不错，白玉微瑕，个别同学存在一些小问题，但是在值周班主任的提醒下均能及时改正，本班班级秩序井然。这次值周工作使我们更加深切地感受到，我们都是胜蓝大家庭中的一分子，胜蓝的良好学习氛围需要大家一起来营造，胜蓝的美好未来需要大家一起来创造。

13 新生迈好初中第一步

一、育人理念

通过以人为本、团队协作、自主发展和全面发展等方面的仪式教育引导，为新生打造一个积极向上、充满活力的学习和成长环境，为他们的未来发展奠定坚实的基础。通过庄重而雅致的仪式教育，传递给学生正确的价值观和教育理念，如尊重、责任、团队精神、追求卓越等。

二、背景意义

新生入学仪式标志着学生从小学阶段进入初中阶段，开始新的学习旅程。这个仪式有助于新生适应新环境，融入新集体，明确新目标，从而为他们未来的学习和成长打下良好基础。

入学仪式还具有凝聚人心的作用。在这个特殊的时刻，新生们共同经历一场难忘的仪式，可以增进彼此之间的了解和友谊，增强集体荣誉感和归属感。这有助于形成一个团结向上、积极进取的班集体，为未来的学习和生活营造良好的氛围。

入学仪式也是学校展示自身文化和特色的一个重要机会。学校可以通过精心设计和组织入学仪式，展示学校的办学理念、教育特色、校园文化等，从而提升学校的品牌形象和知名度。

三、实践做法

（一）策划与准备

1.确定入学仪式的主题和目标。

2.策划仪式的具体流程和环节，如开场白、介绍校史校情、校长致辞、教师代表发言、学生代表发言、家长寄语、宣读入学誓词等。

3.准备相关物资，如场地布置、音响设备、桌椅、标识牌、入学证书、纪念品等。

4.安排工作人员，明确各自职责。

（二）通知与宣传

通过学校官网、公告栏、社交媒体等渠道发布入学仪式的通知，告知时间、地点和注意事项。制作邀请函或电子请柬，邀请新生及其家长参加。

（三）场地的布置

1.根据策划方案布置仪式场地，如设置主席台、摆放鲜花和旗帜、设置签到处等。

2.检查音响、灯光等设备是否正常运行。

（四）签到与接待

1.设立签到处，工作人员引导新生和家长签到，并领取相关资料或纪念品。

2.安排志愿者或学生代表接待新生和家长，解答疑问，提供指引。

（五）正式仪式

1.主持人宣布仪式开始，介绍出席领导和嘉宾。

2.年级组长对学校行政班子进行介绍，对各班班主任进行介绍。

3.校长致辞，欢迎新生加入学校大家庭，并寄予厚望。

4.教师代表发言，分享教学经验和对新生的期望。

5.学生代表发言，表达对新生活的憧憬和决心。

6.家长寄语环节，由家长代表发言或播放提前录制好的家长寄语视频。

7.宣读入学誓词或进行集体宣誓活动。

8.颁发入学证书或纪念品（如校徽等）。

（六）互动与交流

1.安排互动环节，如新生才艺展示、班级团队建设游戏等，增进彼此了解和友谊。

2.设置咨询台或展示区，介绍学校的课程设置、社团活动、教育资源等，供新生和家长了解。

（七）结束与离场

主持人总结发言，感谢所有参与者的到来和支持。安排工作人员引导新生和家长有序离场。

（八）报道与家访

1.通过班级群或学校官网发布入学仪式的活动内容及照片、视频等，供未能参加仪式的学生和家长观看。

2.班主任或辅导员进行班级走访，了解新生的适应情况，提供必要的帮助和支持。

四、特色成效

对于新生而言，入学仪式是一个良好的开端，有助于他们更快地适应新环境，融入新集体。通过参与仪式，新生可以感受到学校的关怀和重视，增强对学校的认同感和归属感。同时，仪式中的各个环节也可以让新生对学校的历史、文化、教育理念等有更深入的了解，为未来的学习和生活打下良好的基础。

对于家长而言，也是一次难得的机会。他们可以亲眼见证孩子成长的重要时刻，了解孩子在新环境中的表现和适应情况。通过与学校领导和教师的交流，家长可以更好地了解学校的教育理念和教育方式，从而更好地配合学校做好孩子的教育工作。

对于学校而言，可以凝聚人心，促进学校内部的团结和协作，展示学校的文化和特色，提升学校的品牌形象和知名度。通过精心设计和组织入学仪式，学校可以向外界展示自己的办学理念、教育特色、校园文化等，从而吸引更多人的关注和认可。

新生入学仪式的效果是积极的、多方位的，它不仅可以帮助新生更好地适应新环境、融入新集体，还可以凝聚人心、展示学校文化特色，为学校的长期发展奠定良好的基础。

14 胜利启航：开学典礼

一、育人理念

庄重的仪式和丰富的活动，可以引导学生树立正确的价值观、人生观和世界观，培养他们的责任感、使命感、团结协作以及创新精神，为学生全面发展奠定坚实的基础。

二、背景意义

开学典礼是学校对学生进行思想教育、品德教育和励志教育，引导他们树立正确的价值观、人生观和世界观的重要载体。开学典礼也是学校与社会、家长与学生之间沟通交流的重要平台，邀请社会各界人士和家长参加开学典礼，可以增强学校与社会的互动，促进家校合作，共同为学生的成长和发展营造良好的环境。每次开学典礼，我们都会精心设计和组织，展示学校的办学理念、教育特色、校园文化等，增强学校的凝聚力和向心力，吸引更多人的关注和认可。

三、实践做法

（一）开学典礼前期策划

1.确定主题与目标

明确开学典礼的主题以及要达成的目标，往年的主题有"龙行胜蓝，亲越奔跑""胜利启航，爱达未来""大展宏'兔'，胜券在握""青耕希望，向上生

长"等。

2.策划流程与内容

根据主题和目标，策划典礼的具体流程和内容，包括开场白、嘉宾发言、学生表演、颁奖环节等。

3.时间与地点安排

确定典礼的具体时间和地点，确保所有相关人员都能准时参加。

4.嘉宾邀请

根据需要，邀请相关领导、嘉宾、家长等参加典礼。

5.物资准备

准备典礼所需的音响设备、座椅、鲜花、横幅等物资。

6.人员分工

明确工作人员和志愿者的职责，确保开学典礼顺利进行。

（二）开学典礼当日落实

1.场地布置

按照策划方案布置典礼场地，确保场地整洁、美观。

2.签到与接待

设立签到处，接待并引导嘉宾和家长入座。学生按班级划分进行入场。

（三）开学典礼正式开始

1.开场白

主持人简短介绍典礼的主题和目的。

2.嘉宾发言

邀请校长、教师代表、学生代表等发言，分享对新学期的期望和祝福。例如，射击项目奥运冠军送祝福等。

3.学生展示

学生进行文艺表演，展示学校文化和学生才艺。例如，有"同一片大海和天空，同迎着黎明和繁星"的亚运主题曲《同爱同在》大合唱，表达胜蓝学子的心声；还有师生舞龙迎新、《采菇舞曲》古筝弹奏、"青春盲盒"活动等。

4.颁奖环节

颁发上学期优秀学生、优秀班级等奖项，激励学生继续努力。

5.其他环节

根据策划，还可进行升旗仪式、宣誓等环节。

6.典礼结束

主持人宣布典礼结束，感谢嘉宾和家长的参与，引导师生有序离场。

（四）开学典礼总结宣传

1.整理与总结

整理开学典礼的资料和照片，总结开学典礼的得失，为下一次活动提供参考。

2.宣传与推广

通过学校官网、社交媒体等渠道宣传典礼的成果和亮点，提升学校在区域内的影响力。

四、特色成效

开学典礼不仅是学校生活中的一个重要仪式，更是对学校教育理念、文化传统的展示和传承，达到"家、校、社"协同育人的目的。

（一）学生层面

1.激发学习热情

通过庄重的仪式和激励性的话语，开学典礼能够激发学生的学习热情和进取心，为新学期的学习打下良好的基础。

2.培养责任感和使命感

典礼上的演讲、宣誓等环节，有助于学生明确自己的角色和责任，培养他们的社会责任感和使命感。

3.促进交流与团结

开学典礼为学生提供了一个交流的平台，有助于新生融入集体，老生巩固友谊，增强班级的凝聚力和向心力。

（二）家长层面

开学典礼是家长了解学校教育理念和办学成果的重要窗口。通过参与典礼，家长可以更深入地了解学校的教育方向和培养目标，从而更好地配合学校做好孩子的教育工作。

（三）学校层面

1.展示学校形象

开学典礼是学校对外展示自身形象和文化底蕴的重要机会。通过精心策划和组织，学校可以借此机会提升品牌形象和知名度。

2.传承学校文化

典礼上的仪式、传统节目等环节，有助于传承和弘扬学校的文化传统，增强学生的归属感和荣誉感。

3.凝聚人心

开学典礼能够增强师生对学校的认同感和归属感，促进学校内部的团结和协作，为学校的长期发展奠定良好的基础。

（四）社会层面

开学典礼作为一种仪式教育，有助于提升社会对教育的关注度和认可度。开学典礼在激发学生热情、培养责任、促进交流团结、展示学校形象、传承学校文化以及凝聚人心等方面都发挥着积极的作用。

2020年9月1日开学典礼讲话稿

九月的校园，金秋送爽，焕然一新。今天，全体"胜蓝人"满怀着激情与憧憬，相聚一堂，共同迎来新学期。我们将携手并进，开创美好未来！

同学们，过去一学年，老师们、家长们都共同见证了你们的付出与磨炼，感受着你们的收获与成长。今天有300多位七年级的新同学加入胜蓝这个大家庭，这将丰富学校教育内涵，促进多元融合！

新学期开启新希望，新希望承载新梦想，新梦想托起新征程。在新征程上，"胜蓝人"永远心手相依，聚力前行。

作为校长，我希望同学们做到"四有"，开启新学期，踏上新征程。

一是心中有理想。理想信念是共产党人精神上的"钙片"，"人民有信仰，国家有希望"。最近刚上映的一部电影《八佰》，非常感人，其中所展现的视死如归的家国情怀和理想信念，看者皆落泪。当下，我们的国家正处于快速发展的新时代，同样也面临着一些国家的恶意挑衅和蓄意阻扰。作为时代新人的你们，要担负起时代的使命和国家的重任，树立正确的世界观和价值观，报效祖国，成就自己。

二是眼中有光芒。还记得习近平总书记说过一句话："现在，青春是用来奋斗的；将来，青春是用来回忆的。"[1]同学们，青春是美丽的，像一首诗；同时，青春又是多变的，需要乘风破浪。心中有阳光，青春才能朝气蓬勃。新冠疫情期间，涌现了一大批"逆行者"，我们要学习他们的自律、诚信、坚毅、奉献、严谨、独立、担当、团结、包容、关爱、感恩、敬畏，拨动心弦、触及灵魂，用行动践行心中的那盏"明灯"。

三是肩上有责任。青春的价值是担当与责任，作为"胜蓝人"，我们对社会和国家负责，做一名合格的公民，倡导节约，反对浪费。我们对集体负责，

---

① 习近平：《在同各界优秀青年代表座谈时的讲话》（2013年5月4日，上午），《人民日报》2013年5月5日。

主动承担并认真完成集体交给的任务。我们对家庭负责，尊老爱幼，孝敬父母。我们对自己负责，锻炼身体，身心健康，做到自尊、自立、自主、自强。

四是脚下有力量。力量来自广博的知识，我们说知识就是力量，青春的多彩要靠知识来装点。作为新时代的建设者和接班人，你们要好读书、读好书、书读好。好读书，这是学习的态度。读好书，这是学习的内容。我们除了学习课本知识，还要参加社会实践，开展劳动教育，学习多种技能，让自己成为多元的复合型的人才。书读好，这是学习的目标。只有书读好了，才有选择的机会。

同学们，大道至简，实干为先，筑梦胜蓝，聚力同行。让我们用行动点亮希望，用奋斗成就梦想。

15 煲仔饭+粽子=包中，端午祝福

一、育人理念

佳节契机，家校合育，以文化育人。为引领学生厚植家国情怀、展现中国精神、增强文化自信，鼓励学生在新时代新征程中奋力拼搏，学校充分关怀每一位学生，利用节日氛围，将学校的办学愿景"办一所让学生们喜欢、自豪、怀念的好学校"浸润到活动中，努力营造出一个更暖心、更有力的学习生活环境，给予学生强大的学习动力和自信，让校园变得更有温度，师生更有前进的动力。

二、背景意义

端午佳节是我国的传统文化节日，而中考对于九年级学生来说又是人生中的第一次转折点。当"浓情端午"遇上"中考"，学子们的拼搏会更有劲头。6月初，同学们进入紧张的复习阶段，心理压力和学习压力都会比以往大些。为缓解九年级学生的心理压力，提高学习内驱力，学校在端午佳节之际，开展了"煲高粽"活动，赋予粽子美好寓意，为正在冲刺的九年级学生打气加油。

三、实践做法

（一）定方案，选人员

端午佳节是我国的传统节日，想要更好地发挥传统文化的价值，充分弘扬中国精神，需要借助活动载体实现文化育人。在端午佳节即将到来之际，学校德育部门策划活动方案，确定好活动时间、活动参加人员和活动内容。学校选定八年级的十多位学生和九年级的部分家委代表来校参与本次包粽子活动，既实现了劳动育人，又增进了家校情感，一起为九年级学生送考、送祝福。

（二）做佳肴，系福牌

在本次活动中，学校邀请厨师为学生们示范如何包粽子。学生们在师傅的指导下，经过一次次的尝试和摸索，将一片片清香的粽叶包裹着晶莹的糯米，做出了一个个碧绿饱满的粽子。家长们也参与其中，一起和学生们包粽子，将"金榜题名""一举夺魁""旗开得胜"等祝福语挂在了每一个粽子上，表达祝福之意。除了制作美好寓意的粽子，学校还特意为九年级的同学们定制了一份午餐"煲仔饭"。一份美味的定制炒饭，蕴含着深深的祝福。

（三）送粽子，表祝福

在午餐时间，校长带领行政班子进入每个教室，把挂着"一举夺魁""旗开得胜"等有着美好寓意的粽子送到了每一位学生手上。校长及每一位行政班子成员也会准备一些鼓励性话语，激励九年级学子在最后的关键时刻要坚持不懈，努力奋斗，逐梦未来。

煲仔饭+粽子=包中，这份承载着家长、老师和同学美好祝福的佳肴，将会激励着九年级学子不断向前，冲刺中考，圆梦中考。

四、特色成效

本次德育活动意义非凡，特色鲜明，得到了家长、同行和社会的认可。具体体现为：一是让同学们体会到了传统文化的魅力，感受到了劳动的喜悦；二是给予九年级学子满满的能量，同学们在最后的决胜阶段，会努力拼搏，争取最终的胜利，争取为三年的初中生活画上圆满的句号；三是拉近了家校之间的距离，增进了家校情感，实现了家校共育。本次活动有特色、有亮点、有温度，得到了"中国教育在线""拱墅教育"等多家媒体平台的报道，也提升了学校的美誉度。

16 青春不散场，感恩向前行

一、育人理念

"教育不是灌输，而是点燃火焰。"立德树人是教育的根本任务。孩子是家庭的希望、民族的未来，拥有优秀品德是社会对青少年的期望，其中"感恩"是中华民族的优良传统，应当得到发扬与继承。学校将"感恩教育"融入生活，在教育教学过程中对学生产生潜移默化的影响，使学生常怀感恩之心，与爱同行。

二、背景意义

党的二十大报告提出："育人的根本在于立德。全面贯彻党的教育方针，落实立德树人根本任务，培养德智体美劳全面发展的社会主义建设者和接班人。"随着社会发展，在外来多元文化的影响下，中华民族的优良传统与美德受到了一定程度的冲击，许多孩子以自我为中心，不懂感恩，认为他人对自己的付出是理所当然。因此，感恩教育成为教育战线的一项重要任务。只有懂感恩的孩子才能够真正做到关心他人、关爱集体、热爱祖国，才能担起建设祖国的大任。

三、实践做法

（一）潜移默化，心中有恩

学校在日常教育教学过程中，通过潜移默化的方式使学生在不知不觉中接受感恩教育的影响。比如在教育教学中，教师给学生讲述感恩故事、引导学生分享感恩经历、多多表扬懂得感恩的学生等，有效地影响了学生的感恩意识和品格。在学校管理中，班主任给学生开设感恩主题班会课、学校对感恩故事进行宣传报道，让学生在耳濡目染中懂感恩、会感恩。

（二）集思广益，明确方案

潜移默化的感恩教育，让学生在初中生活即将结束时意识到要对辛勤付出的老师表达感谢。在班主任的引导下，九年级各班学生集思广益，由班长牵头在班级内部进行讨论，根据各班具体情况，如学生特点、任课老师个性特征等制定"惊喜感恩"方案。方案内容包括呈现形式、参与人员、所需文案与道具等。方案在全班讨论通过后正式确定。

（三）精心准备，惊喜呈现

在明确感恩方案以后，各班确定各个环节的负责人，如活动总负责人、文案收集及整合负责人、道具负责人、视频记录负责人等。各负责人在班内找到合适的学生，确认好分工、明确好任务后，开始精心准备、事先排练，不断地确认和磨合。在感恩活动当天，提早确认各环节安排无误，确保最终惊喜完美呈现。

（四）暖心记录，传播美好

学生们在对老师表达感谢时，由负责视频的学生拍摄记录温暖瞬间，并在活动结束后剪辑成短视频，一方面是留作纪念，另一方面可通过学校公众号、视频号等校内平台对活动进行宣传，在师生、家长群体内传播"好声音"，让"感恩教育"深入人心的同时，也让学校德育的认可度得以提高。学生也可以将视频投稿给更具影响力的校外媒体，让学校的感恩教育更具广度与深度，提升影响力。

四、特色成效

九年级学子在老师的最后一堂课结束后深情感谢，是学校感恩教育的一个缩影，不仅充分体现出学校在前期的德育过程中对学生品德塑造的重视，也展现出学生在潜移默化的感恩教育中受到的良好影响。这一份临别前的"仪式感"不仅令辛勤耕耘的老师们感到温暖，也会令学生们终身受益。在一个有爱的集体中学习和生活，学生懂得感恩，学会感恩，也成为一个能够感受幸福和创造幸福的人。

17 聚力生长：中考百日誓师

一、育人理念

"让每一个生命向上生长"是学校的办学理念，"培养自律、自主、自信的亲青胜蓝学子"是学校的育人目标。中考百日誓师大会是一个重要时刻，它标志着学生即将面临中考的挑战。此次活动对学生、教师和家长有重要作用，学校用心筹备此次活动，希望九年级的学子们拥有学校的精神，带着"胜"的信念，在"蓝"天下奔跑。

二、背景意义

每年一次的中考百日誓师大会是学校的经典活动之一，活动的目的就是激励学生在中考的最后阶段全力冲刺，取得好成绩。全体九年级教师都认真策划和用心筹备此次活动，例如，在学校体育馆举行以"聚力生长，未来可期"为主题的百日誓师大会，此次大会不仅营造了积极向上的氛围，还给学生树立了信心，激发了学生的斗志。

三、实践做法

（一）节目助力

九年级学子们聆听往届学长、学姐们的寄语，学长、学姐们激励九年级学生在中考最后的百天里铆足劲，向着自己的目标全力冲刺，不留遗憾。同学们也接受了采访，表明了自己的决心与计划。面对考验，大步向前，希望回首初中三年，每位同学能对自己说一句"青春无悔"。

（二）家长寄语

同学们面临中考，自然也少不了家长们作为坚强的后盾。九年级的学生家长们来到现场，登台为胜蓝九年级的学子们加油助力。家长们深情寄语，朗诵《绽放吧，少年》，寄托了父母的殷切期盼与鼓励，希望孩子们拼尽全力，不负韶华。

（三）青春赞歌

面对即将到来的中考，胜蓝学子不惧挑战，迎难而上。在家长们的深切叮咛中，学生们在明信片上写下了给100天后的自己的寄语。学习长路漫漫，唯有未来可期。同学们分享的充满激情的话语的明信片，展现了孩子们为了理想冲刺奋斗的决心。

（四）学生誓言

学生代表发言，分享自己的决心。百日誓师的战鼓已经擂动，中考冲刺的号角已经吹响，号召同学们：在挫折面前，决不退缩；在中考面前，决不言败。

（五）班级宣誓

各班学生在班主任的带领下，依次上台，手执代表班级的旗帜，旗帜所向，指引梦想，各班用尽全力，呐喊出班级热血的口号。在各班誓师的同时，亦有优秀的同学在台上喊出了自己心仪的高中，"干霄凌云，少年如日方升；万里可期，雏鹰展翅凌风。坚信六月，必将交上自己满意的答卷"！

（六）教师表态

学生们的成长，永远离不开敬爱的老师。在百日誓师之际，老师们也表达了殷切的祝愿。在分管副校长的带领下，全体九年级教师上台一同宣誓，深情寄语，祝福学生用笔尖筑就未来。

（七）校长寄语

首先，对学生寄予最深切的期望，告诉学生他们这一届九年级将比往年更加优秀，再创佳绩。接着，就"宏图大志，动如脱兔，发愤图强"三点，为学生加油打气，同时对老师、学生、家长提出一同坚持的号召："最后 100 天，我们要一起努力，让我们以坚韧不拔之志，沉心静气，砥砺奋进，流连中考拼搏之酣畅，高唱热血不朽之长歌。"

四、特色成效

聚力生长，未来可期。此次的中考百日誓师大会通过一系列的活动点燃了九年级学子的昂扬斗志，增强了学生之间的团结精神和集体荣誉感，使他们感受到班级和学校的支持；认识到中考的重要性，从而更加专注和努力学习。通过这样的活动，学生可以表达自己的情感和压力，同时得到老师和家长的理解和支持，有助于缓解考试前的紧张和焦虑；家长和教师的参与使誓师大会成为家校沟通的一个平台，有助于家长更好地理解学生的需求，老师也能得到家长的支持和配合。此次活动是传承学校文化和价值观的一种方式，学校可以向学生和家长传达其教育理念和期望，也与学校的教育愿景一致。

18 迈好青春第一步：离队入团

一、育人理念

"迈好青春的第一步。" 14 岁是青春的第一步，是少年迈向青年的转折点。一场仪式，告别童年的纯真，开启青春的征程。摘下代表童年的红领巾，戴上闪耀光芒的团徽，迈出青春历程的第一步。离队入团仪式的举行，代表着同学们迈向新的旅程，仪式活动给同学们带来庄严感与使命感，增强了同学们的荣誉感和责任感。

二、背景意义

在年满 14 岁的少先队员告别少年时代，迈向青年的这一重要时刻，为了引导学生走好入队、入团、入党"人生三部曲"，深入贯彻落实习近平总书记关于青年工作的重要思想，进一步激励和引领广大青年听党话、跟党走，加强学校少先队、共青团队伍建设，激励广大青年学生坚定理想信念、勇担时代重任，深入贯彻落实《中学共青团改革实施方案》《少先队改革方案》总体部署，时刻对标"从严治团"，严格规范发展团员流程，学校团委每年五六月会开展离队入团仪式与 14 岁集体生日，让学生走好迈向青春的第一步。

三、实践做法

（一）告别红领巾，拥抱青春梦——离队仪式

八年级的"离队仪式"在每年 5 月举行。选择此时举行的原因，一是绝大

部分孩子达到了离队年龄，二是将其作为学校"纪念五四运动"系列主题活动之一。"离队仪式"的核心环节为：最后一次出旗、退旗仪式；宣读《批准少先队员离队的决定》，摘下红领巾珍藏，14岁青春誓言宣誓；告别少先队发言、教师寄语等。这样的仪式环节，让孩子们真真切切感受到自己长大了，已经迈入了青春之门。出旗时行队礼，退旗时行注目礼，让孩子们感受到少先队生涯的结束。摘下红领巾小心珍藏的环节，让孩子们对陪伴他们成长了八年的红领巾倍加珍惜。铿锵的青春誓言，激发了孩子们踏上青春征程的成长动力。离队代表着同学们告别稚嫩的童年时光，迈入青年时代。

（二）团徽放光芒，争做新青年——入团仪式

中国共产主义青年团是中国共产党领导的先进青年的群团组织，是广大青年在实践中学习中国特色社会主义共产主义的学校，是中国共产党的助手和后备军。"少年团校"成为少先队员获得思想教育的重要阵地。学校按照《中学共青团改革实施方案》中"推优入团应体现班级中队全体队员的意见"的要求，开展"各中队推优入团"活动。所有入团积极分子经过团校学习后，按照团员发展的数量要求，经过"中队全体队员"的投票选举后确定。投票选举这一环节，既符合"坚持标准、控制规模、提高质量"发展团员的规定，又增强了少先队员的组织意识、民主意识和参与意识。经过少先队组织培养推荐和团组织考察，最终确定团员发展名单。"推优入团"，少先队为团组织输送新鲜血液。

《中国共产主义青年团章程》（简称《团章》）中规定，新团员必须在代表着团组织的团旗下举行一次严肃、庄严而富有教育意义的入团宣誓仪式。不要把这次宣誓仪式只看成一种形式，新团员应该通过这个仪式将自己的入团誓词牢记在心，并以此激励自己作为一名共青团员的荣誉感和责任感。将新团员的"入团仪式"放在"离队仪式"后举行，在体现团员的先进性、增强团员的光荣感和归属感的同时，更增强了学生对团组织的向往，增强了团组织的向心力。

入团仪式部分包括：出团旗、宣读新团员名单、新团员佩戴团徽、颁发《团章》、入团宣誓、新团员代表发言、教师寄语、共唱团歌。

（三）感恩成长，十四而志——集体生日

14岁，青少年刚刚迈入青春期的年龄，是少年步入青年的转折点、成长路上的里程碑。14岁生日仪式作为离队入团活动的延伸环节，学校常常会设计"青春风采展示""感恩教师家长""放飞心愿"等环节，激励学生珍惜青春年华，传承红色基因，学榜样，立志向，增强社会责任感和使命担当意识。

四、特色成效

学校团委承担起党赋予共青团"全团带队"的重要职责。离队入团仪式活动的顺利开展，增强了中国共产主义青年团的凝聚力，增强了少先队员、共青团员的先进性和责任感，促使新团员们在以后的学习和生活中，以共青团员的标准严格要求自己，努力成长为有理想、有本领、有担当的社会主义建设者和接班人。

2022年5月八年级同学离队、入团仪式上的讲话

各位老师、同学、家长朋友：

大家下午好！

今天，我们欢聚一堂，一起见证八年级308位同学离队、54位同学入团的神圣时刻。

回首过往，无忧无虑的童年，已经挥手别去；展望未来，14岁是人生的花季，如诗如画的青春，在今天揭开了帷幕。

同学们，刚才，从大家纯净的笑容、坚定的眼神、深深的感恩、铮铮的誓言中，我感受到了你们追逐梦想、追求卓越的决心，感受到了你们青春的激情和力量。在这个特殊的时刻，我想借用著名学者王国维的"人生三境界"来与大家一起共勉。

第一境界是立志，"昨夜西风，凋碧树，独上高楼，望尽天涯路"。古往今来，多少文人志士的豪情壮志，鞭笞着我们，激励着我们。李白曾赋诗"长风破浪会有时，直挂云帆济沧海"，曹操的"老骥伏枥，志在千里。烈士暮年，壮心不已"，此等豪情，作为新时代的我们，大家准备好了吗？习近平总书记说，青少年价值观的养成"就像穿衣服扣扣子一样，如果第一粒扣子扣错了，剩余的扣子都会扣错。人生的扣子从一开始就要扣好"①。所以我们要坚定自己的理想信念，树立正确的世界观、人生观和价值观。要有"望尽天涯路"那样志存高远的追求，要能耐得住"昨夜西风凋碧树"的清冷和"独上高楼"的寂寞。同学们，只要是自己确定的理想，不管它是渺小的还是伟大的，不管它是长远的还是短期的，我们都要向着心中那盏明灯，不断前行。

第二境界是奋斗，"衣带渐宽终不悔，为伊消得人憔悴"。习近平总书记说，"幸福都是奋斗出来的"②。同学们，请让我们一起拿起奋斗的斧，劈开理想的石，卷起千层的浪。我们要勤奋努力、刻苦钻研、百折不挠，下真功夫、苦功夫、细功夫，即使是"衣带渐宽"也"终不悔"，"人憔悴"也心甘情愿。例如，在校内，别人娱乐，我学习；别人休闲，我思考；别人课堂开小差，我聚精会神；别人下课闲聊，我与同学探讨问题。在校外，别人打游戏，我参加志愿者服务；别人看电视，我帮助爸爸妈妈做家务。满满的爱心、浓浓的亲情，将成就优秀、阳光、自信、最美好的你。请大家用努力奋斗，让我们的理想熠熠生辉，让人生之路越走越宽。

第三境界是成功，"众里寻他千百度，蓦然回首，那人却在灯火阑珊处"。当奋斗之泉浇灌理想之田，秋天便是成功的季节。前几天看到一篇小短文，说学神和学霸有什么区别，学神考100分，因为卷子只有100分；学霸考100分，是因为他只能考100分，那如何成为学神呢？的确，学习是有差异的，学习

---

① 习近平:《青少年要自觉践行社会主义核心价值观——在北京大学师生座谈会上的讲话（2014年5月4日）》,《人民日报》2014年5月5日第2版。
② 习近平:《在北京大学师生座谈会上的讲话（2018年5月2日）》,《人民日报》2018年5月3日第2版。

效度是有快慢的，每一朵花都会开放，有的开得早，有的开得晚。如何才能开花，我们要有"众里寻他千百度"的决心和毅力，做到"三要"和"三不要"：第一要从现在做起，从小事做起，不要怨天尤人；第二要长期坚持，全心投入，不要轻易放弃；第三要懂得取舍，有所不为，不要被眼前享乐所诱惑。坚持学用结合、学有所悟、用有所得，相信你们一定会在"灯火阑珊处"领悟真谛，收获成功。

同学们，现在，青春是用来奋斗的；将来，青春是用来回忆的。青春的集结号已经吹响，让梦想张开翅膀，希望大家仰望星空，脚踏实地；发奋学习，不断进取；不负时代，不负青春，走出一段属于自己的美好青春！

19 建一支国旗护卫队，燃一校爱国情

一、育人理念

"建一支国旗护卫队，燃一校爱国情。"少年强则国强，少年国旗班的所有队员，都怀揣着报国的梦想。当清晨的太阳射出金色的光芒，当庄严的国歌奏响第一个跳动的音符，他们迈着铿锵有力的步伐，以昂扬的姿态护送鲜艳的五星红旗进场，用自己的汗水和努力守护最美"中国红"。

二、背景意义

新修订的《中华人民共和国国旗法》(简称《国旗法》)规定："国旗应当作为爱国主义教育的重要内容。中小学应当教育学生了解国旗的历史和精神内涵，遵守国旗升挂使用规范和升旗仪式礼仪。"为了让新时代爱国主义教育走进学生心里，引导学生扣好人生的第一粒扣子，学校每年选拔七年级学生，组建国旗护卫队。

三、实践做法

（一）训练选拔

1.选拔培养机制：自荐—推荐—选拔

（1）自我推荐：学生受天安门广场国旗护卫队飒爽英姿的感染，主动找到学校团委，表达自己加入国旗护卫队的愿望。

（2）班级推荐：由学生处结合七年级学生国防教育中的表现，各班推荐。

（3）年级选拔：年级组统一选拔，组建新的国旗班队员。

2.常规动作训练

每一期国旗班的训练开始。齐步走，站军姿，走正步……每个动作都经过反复的练习。"飒"的代价是付出。国旗班的同学们要经历多次艰苦训练，才能呈现一场完美的升旗仪式。队列训练单一、枯燥，每一个动作都不能松懈，每一个高度都不能马虎，每一个节奏都不能踏错。重复的训练枯燥且疲惫，但正是这些严格的训练，练就了他们强大的毅力。

（1）训练科目：站军姿。

（2）队列基础：队列基础最能展示国旗护卫队的风采。小队员们要横成行，纵成列，步幅一致，摆臂一致，目光一致。前进的每一步都要走得威武雄壮，铿锵有力，走出军威国威来。

（3）展旗、收旗：展旗、收旗功是展示有中国特色升旗仪式的"专利"。国旗挂上旗杆升动时，旗手迅速将17平方米的国旗向空中甩出个扇形，此为"展旗"；当国旗降至杆底的一刹那，旗手迅速将国旗收拢成一个锥形，此为"收旗"。一展一收，如行云流水，是力与美的杰作。

（二）国旗教育

国旗文化是内涵意蕴丰富的教育内容。将国旗教育与思政课、党团课无缝对接，以课堂的形式呈现国旗教育，引导学生关注，根据学生的身心发展规律开展符合年龄阶段的国旗教育，以生动活泼的方式循序渐进引导学生正确认识。例如，在思政课中的爱国主义专题教学中融入国旗教育的内容，在课程中讲述五星红旗的诞生及其内涵、五星红旗的制作规范及《国旗法》，使学生在弄清楚"国旗是什么、国家是什么"等问题的基础之上，理解为什么要尊重爱护国旗、国家，从国旗内涵引申至国家主权，从尊重国旗上升至国家情感、爱国主义情怀，激发爱国热情并养成习惯。

（三）制度管理

国旗班设队长一名，指导员一名，副队长（男女）两名。队长统筹国旗班的全方位训练和任务执行工作，指导员做好队员的思想动态工作，两名副队长分别管理好男生和女生的训练和任务执行。

（四）培养优秀升旗手

1.校运会首次亮相

新一届国旗护卫队成立后的第一次亮相，就是在校运会上。当国旗班队员以飒爽英姿走在队列最前方，内心涌动起无比的自信和自豪。

2.晨会出旗、升旗

《国旗法》规定，学校除假期外，每周举行一次升旗仪式。《中小学德育工作指南》规定，除假期外，每周一及重大节会活动要举行升旗仪式，奏唱国歌，开展向国旗敬礼、国旗下宣誓、国旗下讲话等活动。在国旗下站队的同学们看来，升旗或许是一件平常的事，但是对于国旗班的同学们来说却是一件无比重要的事情。无论这一流程他们走过多少遍，只要扛起那一面五星红旗，心中都是庄严的。

3.每日升降国旗

《国旗法》规定，学校除寒假、暑假和休息日外，应当每日升挂国旗。《中小学德育工作指南》规定，学校要有升国旗的旗台和旗杆，严格中小学升挂国旗制度。除寒暑假和双休日外，应当每日升挂国旗。不论刮风下雨，国旗护卫队员一直牢记使命，不敢有半点懈怠。

（五）榜样激励

每位参加国旗护卫队社团的学生都满怀激情，刻苦训练，勇于拼搏，充分展示出当代中学生"勇于担当、追求卓越"的良好精神风貌。学校希望大力弘扬爱国主义精神，将爱国情、强国志、报国行的正能量融入全校师生日常的工作和学习中。每年举行一次国旗班交接仪式，使命接力，奋楫前行。新一届国旗护卫队队员接过那面象征着荣誉的国旗，接过那一份神圣的职责，正式担负起胜蓝中学升旗和护旗的任务，为学校国旗护卫队贡献自己的力量。

四、特色成效

组建国旗护卫队就是要从思想上引导学生感悟家国情怀，担当自身责任；从情感上培养并推广国旗文化，崇军爱国；从行动上鼓励学生参加各类活动，使国防教育外化于行、内化于心，将国旗精神融入学生活动中，促进校园文化和国防教育的融合与发展。学校国旗护卫队的同学们品学兼优，他们把"守护国旗，内炼品质"作为自己的价值内核。他们除了承担学校大型活动和周一升旗仪式任务，还是全校学生学习和行为规范上的标杆。他们用实际行动塑造了站姿和坐姿的新标准，无形中影响着周边的同学；国旗护卫队队员之间也始终互助互爱，互相关心，互相帮扶，展示着初中生的青春友谊，呈现了强大的团队凝聚力。

20 "私人定制"复学仪式

一、育人理念

教育要走进学生的心灵，只有能深深打动学生，引起学生内心共鸣的教育才是成功的教育。而要想真正地走进学生的内心，引起他们的共鸣，不能单靠苦口婆心的说教，而应从学生感兴趣的多彩的活动出发，让学生能够在活动中体验、在活动中感悟、在活动中成长。而活动的仪式感也十分重要。仪式教育能够促进学生的成长，对于学生树立正确的价值观和人生观具有重要的意义，能够让学生更加喜欢学校、为学校而自豪，增进学生对学校的热爱。

二、背景意义

2020年年底，突如其来的新冠疫情打乱了正常的教育教学秩序，学生的上课模式由线下转为线上，这对于学生的自律性和自觉性来说是较大的考验和挑战。虽然学校安排的课程尽可能和线下教学模式保持同步，但是师生之间的关系由以往的零距离变得略显遥远。这段时光，对学生和教师来说都是在适应着一种新的变化，随着时间的流转，大家逐步找到了学习的节奏，摆好心态，一起努力向上生长。为了给学生以不一样的复学仪式，学校组织开展了一系列的温暖活动，以表达对学生和教师的关心。

三、实践做法

（一）铺设红毯，欢迎回家

长长的红毯、漂亮的拱门设计，可以增强活动的仪式感，能够给学生以温暖。每位同学手持小红旗和"欢迎回家"等标识牌，昂首挺胸，阔步向前，走上红毯，伴随着欢快的歌曲前往"爱在胜蓝"背景墙。在这里，同学们将写满话语的彩色纸片拼在一起，有的像花一样，有的像叶子一样，汇聚成了"爱在胜蓝"模样。同学们在这里祖露着对同伴、对老师，还有对学校想说的话，让爱在这里悄悄地告白。

（二）定制礼包，送出温暖

学校为老师们特别定制了抱枕，让老师们来"抱一抱"，感受学校的关怀，同时也去"靠一靠"，真切感受学校就是老师们的港湾。另外，学校还特别用心地为师生们准备了印有"青·棒"和"蓝·棒"的定制饼干，寓意着胜蓝师生们要一起并肩干，一起并肩学习，一起带着胜的信念在蓝天下奔跑。定制饼干上的绿色底板也寓意着师生们要"抱住绿码"，一起并肩干掉病毒。如此用心的准备，如此丰富的复学大礼包，让师生们感受到了学校的温暖，大家都能够带着这份能量，勇往直前，继续努力奋斗。

（三）定制午餐，拥抱幸福

复学这一天的午餐也是格外地用心。学校提前为师生们安排了"鲍猪绿麻"菜品，分别是鲍鱼烧猪脚、西兰花和麻婆豆腐，取意要"保住绿码"，餐后还有寓意"平平安安"的苹果，让同学们真切地感受到"上课的感觉真好，收到来自学校满满的爱意，很珍惜和大家一起学习的每一天"。师生们这一天都收获了健康和满满的幸福。

四、特色成效

用心且带有美好寓意的"私人定制"复学仪式，给老师和学生们带来了温暖，让大家有了家的感觉，使师生凝聚一条心，拧成一股绳，共同成长，为学校的高质量发展助力。本次活动温暖走心，既给予师生力量，又吸引了杭州电视台、钱江晚报、杭州网等多家媒体的关注和报道。

21 中考送考，金榜题名

一、育人理念

活动育人是一种通过开展各种有意义的活动来促进学生全面发展的教育方式，它也是最高效的育人方式。在活动中，学生既可以掌握知识，也可以塑造自己的品德、陶冶情操，对于团队建设也起到了重要的作用。活动育人的方式多种多样，但仪式教育是不可或缺的，且十分重要。仪式教育能够丰富学生的校园生活，启迪学生的思考感悟，唤醒学生成长的内驱力。

二、背景意义

在新时代的教育背景下，仪式教育是初中素质教育的重要基础，对学生身心健康和学习能力的全面发展有着不可替代的作用。它具备凝聚功能，有助于养成集体意识，让团队中的任何一员不断感知和体验作为集体一员的"我"的存在。中考对于九年级学生来说是人生中的第一次重要转折点。为帮助中考生顺利度过中考冲刺阶段，帮助学生疏导心理，做到劳逸结合，能够满怀信心走上"战场"，学校举办了一系列面向中考生的励志活动。

三、实践做法

（一）"节节高升"中考加油餐

学校以竹笋为载体，结合劳动教育主题，开展一次"节节高升"中考加油餐活动，激励中考生们全力以赴，不断向上拼搏。利用校本劳动基地"百果园"资源优势，分年级进行不同主题的德育教育，如组织七年级的学生走进竹林，了解笋知识，学习笋文化，手拿小锄和篮筐，一起挖笋；八年级的学生走进食堂，剥笋、切笋，积极参与劳动，与校长一起到后厨亲自掌勺，共同制作出一道名为"祝（竹）君高升（笋）"的中考加油餐，给九年级的学生送上美好的祝愿和深深的祝福。

（二）一举"高粽"，包"高中"

3月的"节节高升"加油餐令同学们倍感振奋，5月的"一举高粽"更给同学们满满信心。校长和九年级各班家长代表提早一天就在食堂一起为九年级学生包粽子。一个个精巧的粽子兼具竹叶的翠、糯米的软和鲍鱼的鲜香，寓意"包高中"。在各班级门口，一个个小小的粽子被缠上了红色细线并挂在竹竿上，同学们向上跳起，用手去碰粽子，取"一举高中"之意。每位同学都收到了由校领导亲手赠送的粽子，感受到了这份特别的祝福。

（三）最燃出征仪式

美味的煲仔饭、定胜糕、状元粽，祝福同学们能够"煲糕粽"。中考前一天开展的出征仪式，更是让学子们信心满满奔赴战场。在走上红地毯的前一刻，同学们先是学习了解中考注意事项，收到了学弟学妹的祝福，将高中目标、心语心愿写在五彩纸飞机上，集体放飞，放飞理想，放飞青春。最具仪式感、最有力量的便是九年级学生踏上红地毯，穿过"定胜门"的那一刻。站立在红毯两旁的学弟、学妹们为学长、学姐们呐喊助威。同学们依次穿过设立鲤跃龙门、金榜题名的定胜门，走上红地毯。全体九年级教师身穿红衣和七、八年级学生代表分立两旁给每一位九年级学子加油壮行。老师们给他们送上寓意"高""中"并印有学校"加油祝福"Logo的可爱抱枕，贴上"中考必胜"贴纸，击掌拥抱，传递智慧，场面很是壮观，给予同学们满满的能量。

四、特色成效

本次活动特色鲜明，将劳动教育和仪式教育融合，既让同学们感受到了劳动的快乐，又给予同学们真切的体验，为学生的初中生活添上了一笔难忘的色彩。中考送考系列活动设计有特色、有亮点、有温度，赢得了家长的赞美、学生的喜欢，也引来了多家媒体平台的关注。

22 "胜"绘"蓝"图，毕业启新程

一、育人理念

"'胜'绘'蓝'图，开启新征程。"初中毕业季是学生们人生中的重要时刻，毕业典礼代表着学生完成初中阶段的学习，从少年走向青年，是每个学生成长道路上的重要时间节点。初中生需要从毕业典礼中感受到教育的美好和温暖，感受到教育促进心智成熟的力量，感受到教育为他们开启未来之门的希望。

二、背景意义

九年级学生正处于人生发展的关键阶段，他们充满了理想和对美好生活的向往，他们具有旺盛成长的生命力。毕业典礼活动是对他们多年学习和成长的最好总结和祝福。从学生发展的高度，我们进一步审视和挖掘毕业典礼的价值追求和育人功能，策划一场别具一格的毕业典礼活动。一方面，让学生们留下美好的回忆；另一方面，为学生的进一步发展注入源源不断的新动能。

三、实践做法

（一）制定活动流程和时间表

为确保毕业典礼活动的顺利进行，首先要制定一个清晰的活动流程和时间表。活动流程可以包括颁发毕业证书、学生代表发言、教师致辞、校园回顾视频展示等环节。合理安排时间，确保每个环节都有足够的时间进行，并避免过于拥挤或赶场的情况。

（二）设计主题和场景布置

为毕业典礼活动选择一个主题，可以与学生们的共同回忆和特点相关，如 2021 年"'胜'绘'蓝'图，遇见未来"、2022 年"致青春，向未来"、2023 年"'胜'利起航，逐梦'蓝'天"等。根据主题，设计主会场的舞台和背景布置，使用学校的标志性元素和校训等进行装饰，营造温馨、庄重的氛围。同时，考虑场地的可容纳人数和舞台布局，确保每位毕业生和家长都能够有良好的体验。

（三）学生表演和互动环节

为增添活动的趣味性和互动性，可以安排表演和互动环节。学生们可以组织合唱团、乐器演奏、舞蹈表演等，展示他们的才艺和团队合作精神。

（四）学生代表表达感恩

我们每个人的成长和发展都离不开父母、学校和老师无微不至的关心和帮助，为了让学生们能够表达对母校和老师的感激之情，可以邀请一位学生代表发言，并请教师代表致辞。学生代表可以分享他们在学校成长的心路历程和感受，表达对老师和同学们的感谢和祝福。而教师代表的致辞可以回顾学生们的努力和成长，鼓励他们追求更高的目标。学生在毕业典礼中感受到学校和教师对他们无微不至的关怀、父母对他们成长的肯定和喜悦。教师为他们的成长倾注了大量心血，学校需要通过毕业典礼让学生学会感恩。还可以设计一些互动游戏和颁奖环节，让学生们和家长参与其中，增进彼此的联系，表达彼此的情感。学生们书写创意奖状，为爸爸、妈妈和老师颁奖，表达真挚的谢意。

在校三年，除了老师，一路关怀学子们成长的还有学校强大的后勤力量，有大厨、保安叔叔、保洁阿姨等。在此重要场合，学生们也纷纷对他们表示诚挚的感谢。通过毕业典礼仪式，激发毕业班学生对学校生活和学习的怀念，增强学生的集体荣誉感、自豪感和使命感，增强学生对母校的情感。

（五）颁发毕业证书和纪念品

毕业典礼活动的重要环节之一就是颁发毕业证书和纪念品。毕业证书是学生们多年努力学习的见证，应当庄重和个性化。可以设计专属的毕业证书封面，并在上面印上学生的名字和班级。此外，还可以为每位毕业生准备一份精美的纪念品。学校为每一个学生准备了精美的纪念章——带有学校吉祥物的一枚徽章。这枚徽章以蓝天白云为底色，有一个奔跑姿态的小人，诠释着"带着胜的信念，在蓝天下奔跑"的校园精神，让他们在日后回忆时充满温暖的感觉。

（六）留下珍贵的纪念

为了让毕业典礼活动的回忆能够永久保存，可以请专业摄影师拍摄活动照片，并将照片整理成相册或制作成精美的纪念册。同时，可以在学校网站或社交媒体上建立专属的毕业典礼页面，让学生和家长可以回顾和分享活动的精彩瞬间。校园里还特意设计了多处"网红打卡处"，为青春留下美丽的一章。

四、特色成效

中学的毕业典礼是学生们人生中的重要时刻，一场精心策划和组织的毕业典礼活动可以让他们以温馨而庄重的方式告别校园时光，留下青春时光的美好回忆。毕业典礼不能仅仅作为一个象征性、仪式性的活动，我们要充分发挥其育人功能，为学子们的再起航注入新动能。学校为他们打造一场难忘的毕业典礼活动，让他们在离开学校之前感受到学校对他们的关怀和祝福，并为他们的未来之路增添信心和勇气，让学生积蓄进一步发展的力量。如果说人生就是一场长途旅行，毕业典礼就是旅途中的加油站。学校通过毕业典礼让学子们加满油，向未来再出发。

2023年6月九年级学生毕业典礼上的讲话

亲爱的同学们、老师们、家长朋友们：

大家上午好！

还记得我们中考出征仪式的时候，我说："青，中考必胜。"今天在告别之际，我想说："青，让我们一起向上生长。"

同学们，人生之路，要和优秀的人一起走，才能长远；人生之事，要和靠谱的人一起做，才能稳妥。在人生的道路上，我们遇见一个好人，就可以相伴同行；遇见一群好伴，就可以携手奋进；遇见一所好校，就可以展翅腾飞。同学们，我们与胜蓝，正是这样一场美好的遇见。我们相遇、相融、相散。

一、相遇，是一份美好

同学们，"胜蓝"不仅是我们的校名，还是我们"胜蓝人"的荣耀。你们要知道，我们学校是杭州市唯一的"国字号"学校；我们学校是一所致力于让同学们喜欢、自豪、怀念的好学校；我们办学愿景好，教学理念好，校园环境好，硬件文化好，老师好，同伴好，校园的一草一木好，总之一切都好！

同学们，一日"胜蓝人"，一生胜蓝情！我相信，在未来的人生道路上，当你想起曾经漫步于胜蓝母校的紫藤花下，在银杏林间嬉闹，在慎独亭里成长，在百果园中收获，在运动场上挥汗如雨，在青秀台中崭露锋芒。这是一段多么美好的相遇啊！

同学们，在校内，我们要抱有"青出于蓝而胜于蓝"的激情；在校外，我们还要保持"胜蓝人"的气质与荣光。

二、相融，是一道光亮

人在一起，叫相聚；心在一起，叫相融。同学们，还记得我们的中考出征仪式吗，那是史上最燃的出征仪式！到现在，都还历历在目。

我想说，我们全体"胜蓝人"，心心相融，爱达未来。我们所有"胜蓝人"能够成为一道光，能够照亮所有，并且照亮永远。

生生相融，将这道光进行传递、传承，不断聚能。师生相融，将这道光爱满胜蓝，照亮同学们前行的路。家校相融，今天很多家长代表也来到了现场，相信我们聚拢的光能够所向披靡。

三、相散，是一片星星

同学们，我很荣幸能够陪伴你们一起走过初中的三年，见证你们的成长，目睹你们一步一个脚印地走向"胜利"。希望你们珍惜过往、珍藏荣光、珍重前行，用好成长的"三把钥匙"，成为排头兵、先行者和领头雁。

一是向外看。一张白纸上画一个黑点，你会是聚焦于那一个黑点，还是能关注到旁边那一大片空白呢？生活中也是一样的道理：我们如果一直盯着那个黑点，就容易陷入固有的思维；只有将目光从黑点上移开，才会发现更大的世界。

二是向内求。听过这样一句话，不懂反省的人，往往会从生活的这个坑掉进另外一个坑。盲目自大的人，容易在错误中越走越偏；经常自省的人，才能不断纠偏，找到正确的路。欲成大事，须有笃行。

三是向前走。俗话说，一等二靠三落空，一想二干三成功。做一件事，与其喊破嗓子，不如甩开膀子，只有先跨出第一步，才能看到成功的希望。同学们，成长之路，需要我们不断战胜自我，一步一个脚印地向前走。

同学们，我想送给大家一份礼物。学校已经准备很久了。这就是我们学校的吉祥物。请牢记我们胜蓝精神，那就是"带着胜的信念在蓝天下奔跑"！

最后，祝愿同学们"带着胜的信念在蓝天下奔跑"！披荆斩棘，一路繁花！

23 砥砺笃行向未来，元旦迎新启新章

一、育人理念

元旦迎新活动可以为学生提供展示自我的平台，激发他们的创造力和想象力。在活动中，学生可以学会与他人合作，共同完成任务，从而培养合作意识和协调能力，同时培养团队协作精神，增强集体荣誉感、归属感和自信心。

二、背景意义

学校每年开展元旦迎新活动，有文艺演出、体育竞赛、互动游戏、爱心义卖等，内容丰富，形式多样。活动有家长参与，体现家校共赢；活动有师生配合，体现师生关系的亲越；活动由学生策划，培养学生的自律、自主、自信的能力。

三、实践做法

（一）策划准备阶段

1.确定迎新活动的主题和目标，明确活动的意义和价值。这有助于确定活动的方向和氛围，使参与者能够更好地融入其中。

2.成立元旦迎新活动筹备小组，负责活动的策划、组织和实施。筹备小组可以由学校教师、学生代表和志愿者组成，确保活动顺利进行。

3.制定详细的活动方案，包括活动的时间、地点、内容、形式等。同时，根据活动需要，准备必要的物资和设备，如音响、灯光、道具等。

（二）宣传推广阶段

1.制作元旦迎新活动的宣传材料，如海报、传单、邀请函等，向全校师生宣传活动的信息，提高他们的参与意识。

2.利用学校官网、社交媒体等渠道进行线上宣传，扩大元旦迎新活动的影响力和知名度。

3.在学校内设置宣传栏或展示区，展示活动的照片、视频和成果，吸引更多人的关注。

（三）活动进行阶段

1.营造热烈的迎新氛围，通过悬挂彩旗、设置气球拱门、播放欢快的音乐等方式，让学生、家长、老师感受到节日的喜悦。

2.举行元旦迎新开幕式，介绍学校的历史、文化和发展情况，增强全体师生的归属感和荣誉感。同时邀请校长进行新年致辞，给全体师生精神鼓励。

3.组织丰富多彩的活动，如文艺演出、体育竞赛、互动游戏等，让师生、家长在参与中展示自己的才华和风采，增进彼此了解和友谊。

（四）活动结束阶段

1.举行元旦迎新总结会议，对元旦迎新活动进行总结和评价，肯定成绩和亮点，提出改进意见和建议。

2.整理活动资料和照片，撰写报道，留下美好的回忆和纪念，并进行辐射推广。

3.对参与活动的师生进行表彰和奖励，激励他们继续为学校的迎新工作贡献力量。

四、特色成效

（一）增强学生的归属感和凝聚力

通过元旦迎新活动，学生们能够感受到学校的关怀和温暖，增强对学校的归属感和认同感。在活动中，学生们积极参与，团结协作，共同完成任务，增强了班级的凝聚力和向心力。

（二）展示学生的才华和风采

元旦迎新活动为同学们提供了一个展示自己的舞台。文艺表演、演讲、手工制作等，使同学们充分展示自己的才华和风采，获得自信心和成就感。同时，这也激发了其他学生的兴趣和热情，促进了学生之间的交流和互动。

（三）传承和弘扬校园文化

元旦迎新活动是校园文化的重要组成部分。通过活动的组织和实施，可以传承和弘扬学校的优良传统和文化底蕴，增强学生们的文化自信心和认同感。同时，活动也有助于培养学生们的审美情趣和人文素养，提升他们的综合素养。

（四）促进学生的全面发展

元旦迎新活动不仅注重学生的知识学习，还关注学生的身心健康和全面发展。体育竞赛、游戏互动等环节可以锻炼学生的身体素质和团队协作能力；心愿墙、新年计划等环节可以引导学生树立积极向上的心态和目标意识，促进他们的全面发展。

24 节日仪式感的培养

一、育人理念

在拱墅区家校合育"五个一"活动中，倡导学校和家庭在浓厚的传统节日仪式中潜移默化培养少年儿童美好品格与德性。以"育人为本，成就孩子"为目标，精心设计家长会、家长开放日、"五个一"亲子活动，增强学校、家长、教师之间的沟通。

二、背景意义

如今，仅靠空洞的说教，所倡导的价值观念很难让学生理解并接受。仪式教育借鉴汲取传统仪式的精华，创新一些仪式，潜移默化地达到教育效果，无疑是一种有益的探索。当然，仪式也不能墨守成规、一成不变，而应该根据时代的发展和学生的特点对既有仪式适当做一些调整和创新，保留精髓，采用学生喜闻乐见、更易接受的方式，让教育功能最大化。

三、实践做法

学校确定每年5月20日为"班主任节"，学校团委通过学生会、各班班长布置相关活动，完美绕过班主任，就是为了给班主任们惊喜。有"爱的告白"之"老班我想对您说"书信传情，"爱的专访"之"一份独属班主任的黑板报"，"爱的印记"之"一份独属班主任的温暖纪念"等。当然，每年都有提升变化，增加新的项目和活动，如爱的书写——"我的老班"美文比赛，爱的展示——班主任日常之四格漫画，爱的表达——"5·20"对班主任爱的表白，夸夸我们的班主任，写给老班的心里话，送给班主任的惊喜，为老班点首歌等。孩子们用心用情的活动导演和编排，令班主任们倍感心动和幸福。班主任们纷纷在朋友圈中晒出自己的心情，这一刻，该是多么的幸福！

在母亲节来临之际，为引导学生学会感恩，懂得感恩父母、感恩他人、感恩社会，学校开展一系列的母亲节庆祝活动，同学们通过亲手制作，用不同的方式向母亲表达爱和祝福。有的班级妙手画扇，有的班级自制口红，还有班级展开"晒妈行动"、录制温情视频……

在儿童节时，学校倡议家长和教师提前筹划，在节日当天给孩子们惊喜，学校还特地在当天设置了三小时的游园时间，供各班开展有关庆祝活动。

四、特色成效

一年中的节日有很多，有大家公认的节日，也有学校特别设置的节日，如"5·20"班主任节。仪式中包含和传递重情、有责任感、守信用等美好的价值观，借助美的形式，使内隐的教育要求外显化，产生持久的影响力。同时，"仪式活动"可以增进学生、教师、家长三方之间的和谐关系，增强三方的信任和支持，为学生的全面发展提供更好的保障和条件。

25 送开学盲盒，向未来出发

一、育人理念

每个新学期都值得新的期待，开学典礼作为学校的一项重要活动，承载着学生新学期的希冀、家长的期望、学校精神与文化的传承。它是学校每学期的"开幕曲"，是开启学生新学期、新征程的"发令枪"，是集结新集体的"号角"，是学生对学校形成第一印象的重要时刻，也是学校文化育人的重要德育载体。

二、背景意义

开学典礼是学校教育的重要组成部分，是新学期的起点。举行开学典礼旨在明确学生新学期的奋斗目标，激励学子们振奋精神、锐意进取、营造浓厚的开学气氛，为新学期创造一个良好的开端。真正有效、有意义，能被学生铭记的开学仪式感，应该是充满体验感，是师生共同参与的生动场景。

三、实践做法

如何让开学典礼吸引学生的眼球，呼应学生内心需求？怎样才能让学生们在仪式中感受到学校的独特气质与文化品位，进而爱上学校？我们解锁新学期的打开方式，利用学生喜闻乐见的"盲盒"开启对新学期的期待。一次开学典礼上，学校策划了这样的活动：校长为大家准备开学惊喜——青春盲盒。各班学生代表在老师的指导下，通过射击体验的方式，瞄准目标，为各班抽取了神秘的开学盲盒。所谓"万物皆可盲盒"，盲盒里的内容囊括学校"五育并举"的各类活动。各班抽取和拆开盲盒，带着各自的惊喜开启新学期，向未来出发。

（一）头脑风暴，确定主题

开学典礼到底为谁而办？如何让学生愿意并乐于参与其中？怎样将开学典礼仪式的庄重感与趣味性相结合？如何结合社会热点、校本资源策划开学典礼？从传统的教师设计安排到学生创意众筹、组织参与，二者如何融合？要打破传统固化的典礼模式，策划一场前所未有的开学典礼，从一个想法、一系列创意到具体实施，中间有许多环节需要思考。在2021年学校开学典礼策划过程中，我们召集德育处教师、学生会干部开会讨论，遵循学生心理发展规律，结合时下学生们喜爱的"盲盒文化"，充分挖掘学校特色品牌资源——射击，将开学典礼的关键词落到了"射击"上。我们将开学典礼主题定为"瞄准梦想，向未来出发"。

（二）射击体验，青青盲盒

把开学典礼还给学生，才能让每位学生不只是开学典礼的聆听者、旁观者，更是开学典礼的体验者、互动者和参与者。在开学典礼中，我们设计了互动环节——各班派一名学生代表上台，在老师的现场指导下体验射击，抽取班级盲盒——青青盲盒，并在全校师生面前立马拆盲盒揭开惊喜。学生们跃跃欲试，不同内容的盲盒引来此起彼伏的欢呼声和欢笑声，现场惊喜连连。

（三）了解射击，社团展示

射击社团是学校的特色品牌社团，"小小神枪手"校本课程被评为杭州市精品课程。在射击体验环节后，隆重介绍学校射击社团。运动员和教练身着射击服登台亮相，在台上摆射击姿势，让全校师生在开学典礼上共同见证射击社团学员的风采。

（四）冠军祝福，助力未来

假期里，从射击队毕业的优秀校友连连在国家、国际比赛中拿奖。恰逢东京奥运会夺金热潮，"奥运冠军连线送祝福"环节为本场以"射击"为关键词的开学典礼掀起了又一个高潮。冠军们为学弟学妹们送上新学期的祝福，激励胜蓝学子在新学期锐意进取。

（五）揭晓惊喜，兑现盲盒

校长送出的"青青盲盒"内容丰富，贯彻"五育并举"的育人理念，涵盖胜蓝学子在校学习生活的方方面面。主题包括"班级装点""加餐助力""文化提升""校园畅享""神秘大礼"等。"盲盒"清单：班级电影券一张，可在自主管理时间在教室播放喜欢的电影；神秘大礼；"校长请你吃饭啦"邀请卡2张；篮球一个；乒乓球拍一副；羽毛球拍一副；班级公益伞一把；直通"青秀台"入场券1张；名家书法小品一幅；广播站点歌3首；校运会点歌1首；校篮球赛晋级卡一张，首轮班级对抗赛可直接轮空晋级；中餐全班加鸡腿一次；全班同学胜蓝校徽各一枚；全班同学胜蓝定制水笔各一支；定制可乐5罐；班级集体大课间跑操观摩一次；班级绿植一盆等。根据盲盒清单，学校团委选取合适的契机兑现盲盒内容。"盲盒"热度持续整个学期，让这场有意义、有意思的开学典礼在师生的记忆里沉淀闪光。

四、特色成效

苏霍姆林斯基写过这样一段话："我希望尽可能充分地满足孩子们多种多样的兴趣和期望，换句话说，我希望使孩子们生活和学习得有意思。""有意思"即有趣、独特、浪漫、好玩。要真正做到"把开学典礼还给学生"，就一定要让开学典礼既有意义又有意思。我们的开学典礼推陈出新，"青青盲盒"是为了更好地鼓励大家在校园里学习和成长，打开每一个开学盲盒，都会收获惊喜与感动。开学典礼可以让学生清晰地感知新学期是人生又一个阶段的开始，同时也使学生提前进入一种准备状态，准备进入紧张有序的学习生活。

26 青，校长喊你吃饭啦！

一、育人理念

教育不仅仅是传授知识，更重要的是培养学生的情感素养和人文精神。"青，校长喊你吃饭啦！"这句话所蕴含的育人理念是平等、尊重、关心、关爱、个性化教育以及教育的情感力量，校长向学生传递了正能量和积极的生活态度，激发了学生对美好生活的向往和追求。这些共同构成了一种以人为本、全面发展的教育观，对于培养学生的综合素质和人文精神具有重要意义。

二、背景意义

"青，校长喊你吃饭啦！"是学校邀请优秀学生与校长午餐有约活动。激励学生不断进取、勇攀高峰，成为更加优秀的人。受邀的学生有的才思敏捷，在各项文艺活动或比赛中崭露头角；有的勇挑重担，勤勤恳恳地为班级为校园默默守护；有的精通琴棋，是舞台上耀眼的星星；也有的驰骋赛道，一路乘风破浪、挥洒青春。在认真学好学科知识外，他们以德扬善、以智启真、以体健身、以美塑心、以劳立行。

三、实践做法

（一）班主任推荐

班主任定期从班级中选拔表现优秀或有特殊贡献的学生，作为与校长共进午餐的嘉宾。选拔标准可以包括学业成绩进步、在各级各类活动中表现出色的学生，在各级各类比赛中为校争光的音乐、舞蹈、美术等学生，默默无闻地为班级和学校认真劳动的学生等。同时，也考虑轮流邀请不同特质、不同特长的学生，以体现活动的公平性和多样性。

（二）学生处邀请

学生处要求各班级推荐一定数量的学生参加活动，这样可以确保邀请到各班级的优秀代表。通过校长邀请函发布正式的活动通知，说明活动目的、时间、地点。校长邀请函里面有校长的亲笔签名，有校长对参与活动学生的殷切期望。

（三）各部门联动

学校各部门提前为活动做好充分的准备，包括安排合适的场地、准备丰盛的午餐等。午餐的菜单可以根据学生的口味和营养需求进行定制，同时也可以考虑加入一些寓意吉祥、鼓励上进的菜品，例如每人分享定制的有寓意的可口可乐，分享披萨寓意"必胜"，分享定胜糕寓意"定胜"等。

（四）校长慧交流

在午餐过程中，校长与学生进行轻松愉快的交流。可以谈论学校的生活、学习上的困难与挑战、未来的规划与梦想等。校长通过倾听和理解，给予学生关心、鼓励和建议。同时，也邀请学生分享自己的故事、经验和心得，促进彼此了解和尊重。

（五）学生讲感悟

在与学生共进午餐的过程中，校长可以鼓励学生分享自己的故事、经验和心得，这不仅有助于提升学生的自信心和表达能力，还能让校长更全面地了解学生的需求和兴趣。同时，通过与其他学生的交流互动，学生也能拓展自己的视野和人际关系。

荣誉感是一种内心的满足，是对自身价值的肯定，大家将会内化这份荣誉，让它成为前进的动力。满满的仪式感，能够帮助我们记住这些瞬间，让成功的记忆成为支撑继续前行的力量。在未来的学习道路上，努力奋斗，不断取得新的更大的成就。

四、特色成效

学校为加强师生之间的交流与互动，提升学生的归属感和自信心，特别策划了"与校长共进午餐"活动。通过这一活动，校长能够更直接地了解学生的需求、困惑和兴趣，同时也为学生提供一个展示自我、与校长近距离交流的机会。

该活动还有助于培养学生的团队协作精神和集体荣誉感。当被邀请与校长共进午餐时，学生会感受到一种特殊的荣誉和责任感。他们不仅代表自己，还代表着所在的班级或学校。这种荣誉感会激励学生更加珍惜机会，积极参与活动，并为自己的团队争取更好的表现。总之，通过"青，校长喊你吃饭啦！"这一活动，学校可以搭建起一个师生交流、互动的平台，促进学生的全面发展和成长。

部分学生感悟：

因为艺术节获奖，我很荣幸被邀请参加了"青，校长喊你吃饭啦！"这个活动，今天中午和校长共进午餐，校长也祝贺了我艺术节获奖。在吃饭过程中，我印象最深刻的是校长让我们所有人一起讨论关于学校的意见和建议。在这一环节中，大家各抒己见，校长也和我们说了她的设想，我也深深感受到了校长真心为我们学生着想。校长最后说，青出于蓝而胜于蓝，她希望我们能够做得更好。我十分感谢校长能给我这一次参加"亲，校长喊你吃饭啦！"活动的机会。（705班孙同学）

今天中午，我有幸收到了"青，校长喊你吃饭啦！"的邀请函，能够与校长共进午餐。我们一边品尝着美食、水果，一边彼此介绍、交流。校长了解我们在学校的生活，听我们分享学习中的乐事与值得纪念的事。虽然只是短短一餐，但这期间，我了解到了关于学校一些景观的故事和意义，听到了其他班级师生情深的故事，这加深了我对胜蓝、对老师、对同学的感激与喜爱。今天，我惊喜于参与活动，感恩于老师的用心，坚定于前进的信念。（804班王同学）

今天校长请我们一起吃饭，校长与我们边吃饭边聊天。校长让我们轮流说话，征求我们每个同学的想法和建议，表现出校长对我们的关心与用心，我们也知道了许多我们不知道的老师的良苦用心，令我十分感动。这顿午餐很丰盛，既有物质食粮又有精神食粮，让我收获满满，并且我也会更加努力，不负学校！（901班段同学）

27 让每个孩子站在"青秀台"的最中央

一、育人理念

青秀台，是学校亲青学子展示自我、张扬个性的秀台。青秀台不固定时间，不固定人员，只要你想秀就来。当学生站在舞台中央，面对不同的眼神、不同的表情，他们逐渐战胜内心的自我，让自己变得更加勇敢和自信。每个人都有自己的想法和才艺，每个人都有表达自己的需求，尤其是学生，如果能让每个学生都站上舞台表现自己，那么这样的经历便会刻在学生的心里，给他们幼小的心灵带来巨大的震撼。

二、背景意义

为深入贯彻落实"五育并举"的育人理念，紧紧围绕立德树人根本任务，真正践行文化育人、实践育人、活动育人，学校设立了青秀台。青秀台能够丰富学生课余生活，提高学生艺术修养。

三、实践做法

1. 确定青秀台的位置

选择教学楼或学校大厅等易于访问的地方，确保有足够的空间来容纳观众和舞台设备。

2.设计青秀台布局

根据表演和活动的需要，确定青秀台的大小和形状，确保有足够的空间供表演者自由移动，并考虑安全因素。

3.青秀台设备

确保青秀台上有必要的音响设备等。这些设备将增强表演的效果，并提供音乐等支持。

4.青秀台背景

设计一个具有视觉吸引力的青秀台背景，可以使用装饰物品、背景屏等方式进行创意装饰。

5.时间表和活动

不同的时间、不同的活动、不同的主题，安排不同的表演和活动，包括音乐演奏、舞蹈、学科优秀作品展示等，确保每个学生都有机会参与。

6.宣传和邀请

使用校园广播、校园海报等方式宣传展示青秀台，吸引更多学生和老师参与。

7.支持和鼓励

提供学生参与的机会和资源，鼓励他们展示自己的才艺和创造力。同时提供支持和指导，帮助他们提高展示技巧。

四、特色成效

学校青秀台可以举办各种各样的活动，例如音乐会、舞蹈演出、校园辩论、才艺展示、学科优秀作品展示等。根据学校的特点和学生的需求，可以有不同的主题和类型。学校青秀台的管理和运营由学生处负责，他们负责青秀台的时间安排、活动的策划和组织，以及设备的维护和使用。学生参与青秀台展示可以培养团队合作精神、艺术欣赏能力和演出技巧，同时也为学生提供了娱乐和放松的机会。

　　每个学生在成长的过程中都需要一个属于自己的舞台，我们努力为学生们提供更多舞台，让他们在舞台上享受来自台下的赞赏的目光和掌声。每一次的舞台演出，学生们都认真且努力地把自己最好的一面呈现给大家。

　　每一次的表演，学生们都会进行反复的排练，为了让到场的同学和老师看到一个闪闪发光的自己。让学生登上表演舞台，更多的是让他们增长经历和见识，保持进取，在舞台表演中获得成就感，更有热情地投入每一件事。成就感就是学生们自信心的来源，而同学们和家长、老师们的肯定和赞赏更是他们坚定前行的动力。

28 "融春·衍彩" 美术展

一、育人理念

艺术不仅是一种技能，更是一种生活态度，能够唤起人们内心深处对美的追求和对生活的热爱。我们坚信，通过艺术教育，学生不仅可以培养自己的审美情趣和创造力，更能够拓展自己的思维空间，丰富自己的人生阅历。我们秉持着这样的育人理念，致力于探索艺术与教育的融合之路，为学生们的全面发展提供更广阔的舞台和更丰富的资源。

二、背景意义

通过举办美术展活动，我们希望学生们能够深刻感受到春天的魅力，用画笔记录下春天的美丽景象，从而用艺术创作来表达对生活的热爱和对自然的敬畏。这不仅是对春天的赞美，更是对学生创造力的一种激励和呼唤。在这个美术展上，学生们将有机会展示自己的作品，与同学和老师们分享他们对春天的独特见解和感受。此次活动不仅是对春天的赞歌，也是对学生创造力的激励。

三、实践做法

随着春天的到来，万物复苏，生机盎然。为了捕捉这一季节的美好，同时让学生们在艺术创作中感受春天的魅力，学校美术社团举办了"融春·衍彩"美术展。

（一）春意盎然的书画准备

在美术老师和同学们的共同努力下，学校图书馆变成了一片春天的海洋。展览的准备工作充满了创意与热情，学生们用画笔记录下春天的色彩：金黄的油菜花、飘逸的樱花，每一幅作品都是对春天的独特诠释。

（二）艺术与自然的和谐共鸣

展览当天，全校师生通过展览门票踏上了这场春之旅。画展不仅展出了美术社团成员的精彩作品，还特别设置了"花花世界"板块，展示了学生们对春天的自由涂鸦，展现了春天不受拘束、光彩夺目的模样。学生们展示了丰富多彩的创意和想象力，通过自己的作品表达了对春天的独特理解和感悟。这种创造力的释放不仅丰富了展览内容，也激发了其他学生的创作热情。

（三）艺术展中的多元体验

除了画作欣赏，小风铃合唱团的表演为展览增添了悦耳的音乐元素，使得艺术体验更加丰富多彩。我们通过举办各类艺术活动，为学生提供展示自我、感悟生活的平台，让他们在艺术的海洋中尽情探索，感受美的力量。我们相信，艺术教育不仅可以提高学生的审美素养，更能够培养他们的情感表达能力和创造力，为他们的未来发展打下坚实的基础。

四、特色成效

"融春·衍彩"美术展不仅是一次展示学生创作成果的机会，更是一次促进学校艺术教育发展的重要活动。通过此次展览，我们看到了以下几个特色成效。

1. 审美情趣的培养

学生们通过参与艺术创作和欣赏，培养了对美的感知和欣赏能力。他们学会了用心感受、理解艺术作品背后的意义，从而提升了自己的审美情趣。

2.文化建设与情感交流

展览活动促进了学校文化的建设，营造了浓厚的艺术氛围。师生们在共同参与展览的过程中增进了情感交流，加深了彼此的情感联系，为学校的和谐发展打下了良好基础。

3.艺术教育的推广

通过此次展览，学校向社会传递了对艺术教育的重视和支持，展示了学校艺术教育工作的成果和特色，不仅提升了学校的知名度和声誉，也为更多学生提供了参与艺术活动的机会，推动了艺术教育的发展。

此次活动不仅让师生们在色彩中感受到了春天的气息，更重要的是，通过参与艺术创作和欣赏，学生们的审美情趣得到了培养，创造力和想象力也得到了极大的激发。此外，展览还促进了学校文化的建设，增强了师生之间的情感交流。

29 我型我show，草坪音乐会

一、育人理念

　　草坪音乐会活动是学生展示自我、张扬个性的音乐类活动，旨在培育"自律、自主、自信"的胜蓝学子。学生能在多彩的活动中获得丰富的情感体验、满足自我发展的需求，促进德智体美劳全面发展。教师结合初中生喜爱的音乐主题学习，创设丰富、形式多样的音乐活动，让学生在音乐活动中陶冶情操、热爱生活、积极向上。

二、背景意义

　　美育是提升审美素养、陶冶情操、温润心灵、激发创新创造活力的教育。美育通过审美的方式，帮助学生陶冶情操，培养高尚健康的品格，启迪思想智慧、激发创造活力，全面提升学生的人文素养。在当今的学校教育中也越来越凸显出美育的重要性，音乐课外活动是提升校园美育的重要抓手。要发挥课外音乐活动在育人上的独特价值，就要创设丰富多彩的活动形式。青秀台前的展示，是激发学生才艺表演、自信激励的舞台；讲座沙龙是拓展音乐知识的平台；曲库比拼是学生们在课余时间，以轻松的形式进行歌词接龙……

三、实践做法

（一）才艺展示，自信show

学校青秀台即是给学生展示音乐相关的艺术表现活动的舞台。学生初步准备展示节目，或歌唱或跳舞或相声等，在活动开始前在教师处报名。教师对节目进行筛选审核，重点关注学生的感受能力和表现能力。审核通过的节目即可在青秀台上展示，由各班学生代表进行现场投票。在活动中，同学们积极参与，自信展示，勇于表现，并得到了老师和同学们的充分肯定。

（二）讲座沙龙，素养up

学校邀请音乐专家进校，开设公益讲座沙龙。在沙龙"青少年的发声与歌唱"中，同学们了解到在歌唱中有美声、通俗、民族等类型，并且学习用唇颤音放松嗓音的技巧等；在沙龙"礼乐同行，走进琴筝"中，同学们认识到古筝的十大技法，感受到古色古香的中国传统乐器和文化。在轻松的氛围中，不仅放松、愉悦了身心，还拓宽了音乐知识面，提升了音乐素养。

（三）曲库比拼，快乐不NG

曲库比拼是利用课余时间，让学生减轻学习压力、放松身心的活动。如关键词接歌活动：参赛选手每五人分为一组，两组对抗，在规定时间内答出歌词得分最多一组即为获胜队伍，最后积分最高一组可以获得奖品；活动三字挑战：主持人念出歌名或歌词，参赛选手依次接龙；接歌不NG：即主持人念上句歌词，同学们回答下一句，既考验同学们平时对歌曲的积累，又丰富了课余生活。

四、特色成效

在德智体美劳"五育"中，美育与其他"四育"紧密联系、互相促进。草坪音乐会系列活动利用课余时间，完全站在学生角度，不仅在前期有充分的计划与铺垫，在后期还有丰富的展示与奖励活动，深受学生喜爱。青秀台前的吹拉弹唱，不仅是技艺的呈现，也是对学生自己成长的鼓舞和挑战。讲座沙龙的音乐素养学习，更是平日校园中所接触不到的知识，让学生在愉悦中接受美的熏陶。胜蓝学子在这样的美育环境中生活、学习，向上生长，自信自强。

30 精彩纷呈的体育活动

一、育人理念

每个学生都有不同的身体素质和运动兴趣。校内体育活动应尊重学生的个性差异，提供多样化的体育项目。通过因材施教，让每个学生都能在体育活动中找到自己的位置，发挥自己的特长，实现个性化发展。以学生的身心健康为核心，通过体育活动培养学生的品质、传承体育文化，最终养成终生体育的习惯。

二、背景意义

通过参与各种体育活动，学生可以锻炼身体，提高身体机能和免疫力，从而更好地应对学习和生活中的挑战。同时，体育活动还可以促进学生的身体发育和健康成长。体育活动为学生提供了一种积极向上的休闲方式，可以让他们在学习之余放松身心，缓解压力，提高学习效率。

三、实践做法

校内体育活动的具体实践形式多样，根据学校的实际情况和学生的需求进行灵活设计和组织。这些实践活动旨在促进学生的身心健康、丰富课余生活、培养团队合作精神和竞争意识、传承体育文化以及发展个性化兴趣和特长。

（一）日常体育课

学校按照课程安排，每周为学生安排一定节数的体育课。在体育课上，学生可以学习各种体育运动技能，如篮球、足球、排球、乒乓球等。同时，体育教师还会组织学生进行身体素质训练和体能测试，以提高学生的身体素质和运动能力。

（二）大课间体育活动

学校可以利用大课间，组织学生进行各种体育活动。这些活动可以是全校性的，也可以是班级或年级组织的。例如，学校可以安排广播体操、迎亚运韵律操、TABATA、跑步、大踏步、1分钟站军姿等简单易行的体育项目，让学生在轻松愉快的氛围中锻炼身体。

（三）运动会和体育竞赛

学校定期举办运动会和体育竞赛，为学生提供展示自己运动才能的舞台。运动会和体育竞赛的项目可以多样化，包括田径、游泳、篮球、足球、排球等。通过参与竞赛，学生可以锻炼自己的意志品质，培养团队合作精神，提高自己的竞技水平。

（四）体育社团和兴趣小组

学校鼓励学生自发组织体育社团和兴趣小组，如篮球社、足球社、乒乓球社等。在这些社团和小组中，学生可以结交志同道合的朋友，共同学习和提高体育运动技能。同时，学校也可以为这些社团和小组提供必要的场地和器材支持。

（五）校园体育文化节

学校设立校园体育文化节，通过举办各种体育文化活动，如体育知识讲座、体育技能展示、体育明星见面会等，营造浓厚的校园体育文化氛围，举办各种团体赛事，比如篮球赛、足球赛、乒乓球赛、拔河比赛，其中还包括师生间、家长和学生、教师和家长之间的比赛，这有助于激发学生对体育运动的兴趣和热情，培养他们的终生体育意识。

四、特色成效

（一）增强学生体质，塑造健康体格

通过参与校园体育活动，学生体质得到了显著增强。各种体育运动项目能够锻炼学生的身体各个部位，提高身体机能，增强免疫力，减少疾病的发生。同时，体育活动还可以促进学生的身体发育和健康成长，让学生更加健康地面对学习和生活。

（二）培养团队合作精神和竞争意识

校园体育活动通常是以团队或小组的形式进行的，这要求学生必须与他人合作，共同完成任务。在这个过程中，学生的团队合作精神和协作能力得到了培养。同时，体育活动中的竞争也可以激发学生的斗志和进取心，培养他们的竞争意识和抗挫折能力。这些品质对于学生的未来发展和适应社会具有重要意义。

（三）缓解学生压力，丰富课余生活

校园体育活动为学生提供了一种积极向上的休闲方式，可以让他们在学习之余放松身心，缓解压力。通过参与体育活动，学生可以释放内心的负面情绪，保持心情愉悦，提高学习效率。同时，体育活动还可以丰富学生的课余生活，让他们的校园生活更加多姿多彩。

（四）传承体育文化，弘扬体育精神

校园体育活动是体育文化的重要载体。通过参与体育活动，学生可以了解和传承体育文化，包括体育历史、体育规则、体育道德等方面的知识。同时，体育活动也有助于培养学生的体育精神，包括公平竞争、勇攀高峰、不断超越自我的精神。这些精神对于学生的成长和未来的发展具有重要意义，也有助于推动校园体育文化的繁荣发展。

31 主题运动会，伴我共成长

一、育人理念

体育不仅是强健体魄的工具，更是培养学生意志品质和精神面貌的途径。在每一场比赛中，学生都能感受到挑战的艰辛，也因此获得成长的机会。通过体育运动，学生可以在团队合作中学会倾听、信任和配合，同时在竞争中锻炼意志、增强自信。这种经历不仅丰富了他们的学校生活，也为他们未来的发展打下了坚实的基础。在学校，体育运动会是培养学生全面发展的重要途径，是让学生在竞技中收获成长和自信的平台。

二、背景意义

学校每年举办主题鲜明、形式多样的运动会。例如，以"追逐梦想勇争先，英雄伴我共成长"为主题的运动会。这个主题旨在通过体育竞技，向祖国的英雄们致敬，传承英雄精神，激励学生积极向上、勇往直前。学校运动会可以凝聚全校师生的力量，展现学生们团结拼搏、奋勇争先的精神风貌。无论是赛场上的激烈角逐，还是观众席上的欢呼声，都展现了学校对于体育运动的高度重视。通过这些活动，学生们不仅锻炼了身体，更加深了对国家英雄的敬仰之情，激发了他们的报国之心，使他们更加坚定地朝着自己的梦想前进。

三、实践做法

（一）致敬英雄，精神传承

学校每次运动会都有一个主题。如聚焦"致敬英雄"主题，通过国旗方队、鲜花方队的庄重入场，以及各班级围绕英雄人物精心准备的情景剧，传递了英雄精神，让学生在体育竞技中学习英雄们的崇高品质。这不仅让学生们了解和尊重历史，更激励着他们在日常生活中秉承英雄的精神，勇敢向前。

（二）全员参与，共创佳绩

从国旗升起的那一刻起，全校师生就以饱满的热情投入了运动会中。无论是激昂的课间操展示，还是紧张刺激的田径比赛，学生们都展现出了胜蓝学子的风采：团结协作、勇于拼搏。运动会为学生提供了一个培养团队合作和竞争意识的平台。在比赛中，学生们需要密切合作、相互配合，才能取得好成绩。这种团队合作的经验不仅在运动场上有所体现，在日常生活和学习中也能够起到积极的作用。

（三）荣誉颁奖，激励前行

每届运动会的颁奖仪式，都是对学生努力和汗水的最好肯定。无论是径赛的冠军队伍，还是田赛的优秀选手，都在这一刻收获了属于他们的荣耀，同时也激励着更多学生在未来的比赛中超越自我。

四、特色成效

运动会不仅增强了学生的体质，更重要的是培养了他们的意志品质和精神面貌。学生们在运动中学会了尊重、坚持、合作，也在竞争中感受到了成长的喜悦。在竞争中，他们学会了坚持不懈、克服困难，同时也学会了尊重对手、合作共赢，这些都是综合素质的提升。

1.全员参与，共同成长

运动会不仅仅是少数优秀选手的舞台，更是全体师生共同参与、共同成长的机会。无论是运动会的组织者、参赛选手还是观众，每个人都能在其中找到属于自己的角色，并从中获得成长和取得收获。

2.荣誉激励，提升凝聚力

运动会的颁奖仪式是对学生们努力和付出的肯定，也是对他们的激励。获得荣誉和奖项的学生会感到自豪和满足，同时也会激励其他学生更加努力，向优秀选手看齐，超越自我。

32 冠军喜提甘蔗，运动会独特奖励

一、育人理念

让学生拥有良好的自信心是学生健康成长的前提。在教育教学过程中，有效运用激励手段，对于培养学生自信心、调动学生潜在的积极性、强化学生奋发向上的内生动机，具有十分明显的作用。结合学校的育人目标，教师给学生设置了创意十足的奖励，有效激发学生的积极性，促使学生保持良好习惯，增强自我管理能力。

二、背景意义

《义务教育体育与健康课程标准（2022年版）》中提出"体育与健康课程重视学习评价的激励与反馈功能，注重建构评价内容多维、评价方法多样、评价主体多元的评价体系"。这要求学校和教师在教育教学活动中重视评价的激励作用，善于运用激励性评价调动学生潜在的积极性。作为教育手段，奖励能够激发学生学习兴趣、提升学习效果、培养良好习惯、增强自身信心。独具创意的奖励方式则能更好地发挥激励作用，促进学生成长。

三、实践做法

（一）头脑风暴，创意出新

在运动会筹备阶段，我们提出要在颁奖环节作出创新。大家通过头脑风暴、合作探讨、搜索资料、参考借鉴等方式激发灵感。结合学校文化、运动会活动特点、奖品创意性和实用性等，先后提出多种实施方案并交由学校行政会议讨论。经过多方权衡和推敲，最终确定将清爽解渴的甘蔗作为冠军奖品，寓意节节高，契合学校"让每个生命向上生长"的办学理念。

（二）精心准备，仪式暖心

学校总务部门提前准备好相应数量的奖品——甘蔗，作为颁发给运动会冠军学生的额外奖励。运动会各比赛项目的冠军产生后，学校悄悄联系获奖学生家长来到颁奖现场担任颁奖嘉宾，给学生惊喜，亲手将特别奖品——甘蔗颁发给冠军学生，并一起在领奖台上合影留念。特别的奖励和满满的仪式感不仅能够极大地调动学生的潜在积极性，赋予学生信心，也能够增强家庭关系的亲密性，是家校协同育人的体现。

（三）亮点报道，记录用心

颁奖过程由学校信息团队全程拍摄记录，为保证时效性，负责视频的老师在活动当天完成亮点视频剪辑后，将短视频发布于学校视频号上。这些宣传报道不仅能够更好地发挥榜样的激励作用，鼓励更多学生奋力拼搏、成就自我，还能够帮助传播学校正能量，增强凝聚力和向心力，助力学生和学校的共同发展。

四、特色成效

这次特别的颁奖是学校精心为学生打造的惊喜，奖品的设置、颁奖方式的确定及后期的宣传，都经过了充分的讨论和准备，深受学生和家长的认可与喜爱。"运动会上冠军喜提甘蔗"的视频也获得了浙江少儿频道、拱墅教育等媒体报道，收获了社会关注及网民点赞。学校围绕"培养自律、自主、自信的亲青胜蓝学子"的育人目标，充分发挥了评价的激励作用，助力学生向上生长。学生在不断激励中、在家校的共同关怀下增强了自信心和动力，激发了学习积极性，促使他们加强自我管理能力和控制能力。

33 "零食抱抱"大挑战，冠军给老师颁奖

一、育人理念

在育人的道路上，教育者要始终坚信活动育人的重要性。通过精心设计和组织活动，旨在为学生提供更丰富的教育体验，帮助他们全面发展。每一届运动会，学校都会设计有意义的主题，通过学生的演绎将教育成效落地生根。学校致力于将传统的体育赛事转化为一个充满激情、暖心与创新的育人平台，让学生在竞技中感受成长的力量，锻造积极向上的精神风貌。

二、背景意义

作为学校年度盛事之一，运动会不仅是体育竞技的舞台，更是学生展示自我、锻炼意志的重要场所。学校希望通过每一届运动会的创新实践，让学生在参与中感受团队合作的力量，体验挑战自我的经历，增强坚韧不拔的毅力，为未来发展奠定坚实的基础。

三、实践做法

（一）重温英雄事迹

在运动会开幕式上，学校特别安排了以介绍英雄人物为主题的入场式，有"共和国勋章"获得者，有人民英雄，有人民科学家，还有人民教育家。通过对这些英雄人物的深情演绎，学生了解了他们的事迹，感悟着他们的精神，埋下了向英雄学习的种子。这样的主题活动激发了学生的爱国情怀，激励他们向

榜样学习，勇敢追求自己的梦想。

（二）冠军给老师颁奖

学校还特意组织冠军运动员团队为老师们颁发奖状。当冠军运动员团队给获奖老师戴上奖牌、递上奖状的时候，师生间的距离拉近了，师生间的关系更融洽了，欢乐的瞬间与美好的时刻值得被共同铭记，这样别具一格的颁奖礼给所有"胜蓝人"带来了亲切的感受，也给整场运动会增添了几分色彩。

（三）邀请冠军嘉宾

从胜蓝中学走出去的冠军有很多，包括射击、标枪、田径等。在运动会上，特别邀请知名冠军运动员作为嘉宾，与学生们分享他们的成功经验与心路历程，带给学生们非同一般的震撼和影响力。如排球世界冠军单丹娜以自我成长为例，向同学们概括了女排精神的内涵，即扎扎实实、勤学苦练、无所畏惧、顽强拼搏、同甘共苦、团结奋斗、刻苦钻研、勇攀高峰。通过与冠军的面对面交流，学生们受到了极大的鼓舞与启发，更加坚定了自己的奋斗目标。

（四）师生趣味比赛

为了增加运动会的趣味性和参与度，学校还设计了一系列趣味比赛项目，如拔河比赛、接力赛、零食抱抱、同心鼓等。

在零食抱抱比赛中，看到大箱大箱的零食，学生们已经欢呼不已，老师们被委以重任，要从起点竭尽全力抱起零食跑到终点。每个老师都在为同学们的期望而拼搏，坚守怀中小山一样的零食，在同学们的欢呼声中，全力以赴地奔跑。尽管途中还是有很多漏掉的零食，老师们依然坚定从容地保护大部分的零食来到终点区。同学们的热烈掌声和欢呼声不绝于耳，这是老师们和同学们爱与被爱的双向奔赴。

在拔河比赛中，各位参赛选手铆足全力，紧紧"咬"住对手。比赛高潮迭起，扣人心弦。力拔山兮气盖世，一条绳子一条心。一群并肩战斗的伙伴全情投入，一旁的啦啦队欢呼声、加油声此起彼伏。当学生冠军队赢了家长队和教师队后，孩子们兴奋不已，家长与老师们也深切感受到了"青出于蓝而胜于蓝"的校训。这是一场力量的对决，一场充满欢乐与勇气的赛事，在你来我往中增进了师生情、家校情与亲子的和谐关系。

这些比赛项目考验了师生的体能与技巧，也考验了师生的团队协作与沟通能力，更考验了家校合力的默契。

四、特色成效

每一届激情、暖心、新颖的运动会，都取得了显著的育人成效。首先，学生在参与过程中充分展示了积极向上的精神风貌和团队合作的力量。其次，通过与冠军嘉宾的交流互动，学生们更加深刻地认识到成功背后的艰辛与付出，激发了他们追求卓越、勇往直前的动力。最后，通过举办运动会，还增强了师生之间的情感联系与互动，为学校的和谐氛围注入了新的活力。

总之，激情、暖心、新颖的运动会不仅为学生提供了一个展示自我的舞台，更成为一个育人的有效途径。在未来的教育工作中，我们将继续探索和实践活动育人的理念与方法，为学生的全面发展创造更多的机会与平台。

34 男生运动会间隙给妈妈织围巾

一、育人理念

"以爱育人，用心发现和传播美好。"爱是教育的基础和灵魂，以爱关怀学生，能够收获学生的信任和喜爱；以爱教育学生，能够滋养学生不断向上生长。教育教学的过程中，时常有美好的瞬间、温暖的时刻在发生，需要教师用有爱的眼光细心地去发现并传播这些美好，使学生的优秀品质、暖心举动被认可，在班级和学生群体中产生正向的导向，促使其成长为有理想、有本领、有担当的新时代好少年。

二、背景意义

培养德智体美劳全面发展的社会主义建设者和接班人，这就要求教师育人为本，坚持德育为先，关注学生思想品德的培养，善于挖掘并放大学生身上的优秀品质。孝顺是中华民族传统美德之一，理应被青少年传承与发扬。教师从生活中的细微处入手，在教育教学活动过程中，发现并记录男同学为妈妈织围巾的暖心瞬间，并在后续报道后收获社会关注和认可。这是教师对其育人理念的践行，也是培养学生优秀思想品德的重要体现。

三、实践做法

（一）发现细节，记录美好

教师要在日常教育教学过程中关注学生的行为表现，重视细节，善于发现或挖掘学生身上的优秀品质和美好一面。在运动会看台上发现班里男生在织毛衣后，老师即刻意识到这是一个暖心举动，便随手用视频记录下了男生织毛衣的过程并询问了他的意图，得知他是给妈妈织围巾，老师深受感动，并将视频剪辑后发在了视频号上。

（二）借助平台，传播助力

学生身上的美好不仅需要被发现，也应当被传播。借助宣传平台，能够让正能量传递并影响更多的学生。朴实而暖心的视频内容引起了学校信息宣传部门的注意，借助学校视频号平台，男生为妈妈做出的温暖举动被更多人知晓，并在当天相继被《中国青年报》、美丽浙江、拱墅教育等多家媒体视频报道，引起广泛关注和讨论，许多网民观看视频后点赞、评论，纷纷表示被男生温暖的孝心所感动。

（三）关注后续，温暖延续

在学生的优秀品质、暖心举动被发现并放大后，还要关注后续的发展，让美好和温暖得以延续。视频报道获得广泛关注后，杭州电视台综合频道的记者来到学校对男生进行了专访，更深入地了解他给妈妈织毛衣的动机，同时也与男生的妈妈取得了联系，采访了妈妈得知儿子给自己织围巾后的感受。这样难得的契机不仅让这段暖心的故事被更多人知晓，也给学生和家长带来了更大的感动，更对学生本身产生了深远影响，使其更坚定自己的感恩之心，帮助他成长为更好、更向上的人。

四、特色成效

男生运动会间隙给妈妈织围巾这一暖心举动，被教师以温暖的眼光发现、记录，并在后续得到了《中国青年报》、美丽浙江、拱墅教育等多家媒体视频报道，该学生及其妈妈和同学还接受了杭州电视台综合频道记者采访，相关内容在电视上播出。"小美好"被不断放大，收获了社会大量的关注和点赞，引起了许多学生和家长的共鸣。这样的导向也得以在班集体和学生群体中形成，使感恩、孝顺等优秀品质深入人心。

35 青，采杏啦！

一、育人理念

学校坚持以"让每一个生命向上生长"为办学理念，积极推进"五育并举"工作，创新推出"吾育·吾秀"系列活动，以青耕园等劳动基地为载体，开展各类劳育活动，旨在促进学生德智体美劳全面发展，让学生在劳动中感受收获的喜悦，感知生命在向上生长的力量。

二、背景意义

《义务教育劳动课程标准（2022年版）》提出"坚持全面发展，育人为本，贯彻新时代党对教育的新要求，坚持德育为先，提升智育水平，加强体育美育，落实劳动教育"。劳动教育是新时代党对教育的新要求，承载着全面建设社会主义现代化国家、全面推进中华民族伟大复兴的重要使命。学校凭借丰厚的自然环境优势，依托学校百果园、青耕园等劳动基地，开展采摘杏梅活动，让学生在劳作中享受收获的喜悦，培养劳动意识和劳动习惯。

三、实践做法

（一）采前准备

在采摘前，首先要确定好采摘的人选。人员的选择可根据实际情况而定，可以是各班在某个月的劳动之星，抑或是科技、艺术等获奖的学生，都可以将此次采摘活动作为一种奖励，给予表现好的学生嘉奖和鼓励。其次，校长的动员讲话也是必不可少，这个环节既能让同学们明白此次活动的目的，又能给同学们满满能量和百倍信心。

（二）知识科普

也可邀请科学老师参与本次活动。科学老师可从专业知识的角度出发，为同学们讲解植物的生长过程和特点，拓宽同学们的知识视野。同时，这种在实践基地的小课堂，更能够给予学生难得的体验和宝贵的瞬间，为同学们的成长增添一份美好。

（三）果实采摘

在对杏子有了更多了解后，学生们开始进行采摘活动。老师们先给学生示范如何使用自制工具采摘杏梅，随后，大家可以相互合作，相互帮助，共同探讨更好的采摘方式，共同采摘更美味的杏梅。

（四）喜悦分享

独乐乐不如众乐乐。学生们会将采摘的一部分杏梅分享给同学、老师或是家人品尝，让他们一起体验收获的喜悦；另一部分则会拿到食堂与食堂阿姨一起合作，将其制作成杏梅汤，送给身边的每一位劳动者，感恩他们的付出，为他们送上一份清凉。

四、特色成效

本次活动，不仅仅是在培养学生的劳动品质、能力、思维和习惯，也是一个向学生展示从劳动中获得幸福感的好机会。作为劳动代表的学生既在活动中感受到了收获的喜悦，也能够更加直观地理解付出和收获之间的关系，有助于其价值观的塑造和形成。这些宝贵的品质，将会助力同学们成为一个德智体美劳全面发展的优秀学生。

36 关于"笋"的那些事儿

一、育人理念

学校育人理念是"亲越"德育，培养亲切、和谐、不断超越自我的胜蓝学子。亲切、和谐指的是关系，这其中包括师生、同伴、亲子关系等。通过不同的活动培养学生间、亲子间、师生间亲切和谐的关系，让学生学会超越自我，不断前进，成为优秀的胜蓝学子。

二、背景意义

《义务教育劳动课程标准（2022 年版）》倡导丰富多样的实践方式，并强调学生直接体验和亲身参与，注重动手实践、手脑并用，知行合一、学创融通，倡导"做中学""学中做"，激发学生参与劳动的主动性、积极性和创造性。学校百果园里有一片茂密的竹林，那里的竹子长得亭亭玉立、郁郁葱葱。笋尖代表上进，竹节寓意踏实，引导学生学习竹的"勇敢面对，所向披靡"精神，争做毅然挺拔、健康奋进的嫩竹。学校利用校园自然资源优势，结合劳动教育，推出了"笋"系列劳动课程。

三、实践做法

（一）知春笋，长见识

春笋对学生们来说是一种很常见的食材，但是对它的"前世""今生"和"来生"了解得并不清楚。因此，首先是由九年级的学长向被邀请来参加活动的七年级学生代表介绍竹子的种类、笋的寓意等，并介绍挖竹笋的小技巧。

（二）挖春笋，寻野趣

挖笋是个技术活，怎样才能挖到一株好笋？学校老师用自己丰富的实践经验，再次给同学们进行了示范：25厘米高的笋不建议挖，先要刨去笋周边的浮土，下锄的位置要紧贴笋的根部等。同学们三五成群，寻找中意的春笋，小心地刨土，专注地挖笋，不一会儿竹篮就满了。

（三）剥春笋，勤劳动

接下来，同学们将装满篮筐的春笋带到学校食堂，在食堂阿姨的指导下剥笋、洗笋。同学们先用清水将笋洗净，然后将笋的笋衣逐层剥开，留下白嫩的春笋。一股笋的清香弥漫，这是春天的味道，也是大自然馈赠的礼物。这一活动让同学们在学习生活之余，既锻炼了自己的动手能力，同时收获了一份珍贵的春日记忆。

（四）卖春笋，献爱心

所挖的春笋留有一部分让同学们在青秀台进行春笋拍卖，这个环节主要是希望同学们给需要帮助的人献出一份自己的爱心。在这个环节中，同学们都积极参与，兴致很高。将拍卖所得进行捐赠，让爱心得以传递，让学生们学会赠人玫瑰，手留余香。

（五）赠春笋，乐分享

对于竞拍的春笋，它们的去向是哪里呢？为了让爱得到传递，竞拍到春笋的同学或将其中一些送给了好朋友，共同分享喜悦；或将竞拍得到的春笋带回家赠予父母；或亲自为父母烹饪一道春笋美食等。这也让身边的人一起感受到胜蓝校园里的一抹春色。

四、特色成效

春天劳动正当时，在这个活动中，同学们经历了从知笋、挖笋、剥笋、卖笋到赠笋的系列劳动课程后，定能像春笋一样上进，学习竹节的虚心，一起向上生长，节节高升；这个活动也让学生和同伴、父母一起分享劳动成果，有助于同伴关系和亲子关系的亲切、和谐；同时，让学生在活动中奉献爱心，在行动中帮助他人，帮助有需要的人。

37 青艾飘香，向上生长

一、育人理念

"让每一个生命向上生长"，每个生命的成长速度不同，但是每个生命的成长方向是向上的。我们一直努力让每个孩子不断超越自我，成为更好的自己，一起努力向上生长，成为"自主、自律、自信"的亲青胜蓝学子。

二、背景意义

在学生的成长过程中，得到老师的肯定和认可很重要，这不仅可以维持学生原有的成长动力，更可以帮助学生相信自我、认可自我，促进学生不断超越自我，向上生长。春天是草长莺飞的季节，学校有一块艾草地，借力学校的优质资源，我们邀请优秀学生代表一起进行一场春天"爱"之旅。

三、实践做法

（一）识艾

在同学们开始采摘艾叶前，科学老师先给同学们上一堂关于艾草的科普课。艾草是一种多年生草本植物，《本草纲目》记载：艾以叶入药，性温、味苦，故又被称为"医草"。艾草也是一种很好的食物，可做艾叶茶、艾叶汤、艾叶粥等，用清明前后鲜嫩的艾草和糯米粉和在一起，包上甜的或是咸的馅料，蒸熟就可以吃了，大家通常叫清明团子或是叫清明粿。

（二）采艾

进行艾草的基本知识普及之后，老师向同学们强调了采摘艾叶的注意事项，随后同学们分散开去采艾。在大家的齐心协力下，嫩绿的艾草装满了竹篮子。在采艾的过程中，每位参与的同学都享受了一种快乐的体验。

（三）制艾

艾叶采摘完毕之后，老师带着同学们来到学校食堂。首先由食堂阿姨讲解青团的制作：艾叶经过处理变成绿色的艾汁，和糯米粉一起混合，多次揉压后变成绿色带艾叶清香的面团，再揉搓成一个个小面团，包上自己喜欢的馅料，把它捏紧，然后用模具在正面压上花纹，再脱模，一个漂亮的青团就完工了。食堂阿姨讲解完毕后，带着学生按照步骤实践。同学们积极参与到制青团的劳动中去，看到一个个青团出炉，非常喜悦和满足。

（四）送"爱"

青团制作完成后，学校贴心地准备了包装盒，同学们纷纷将制作好的青团装好，带回家与家人一起分享成果和喜悦。有些同学还拜托食堂阿姨帮忙把青团蒸熟，送给老师、长辈、朋友等——送"爱"，让爱传递。

四、特色成效

带领学生一起制作清明团，让学生感受中国文化，体验劳动乐趣，感受分享的幸福，这就是教育的意义，它不仅在课堂中，更在实践体验中。通过这样的实践活动，让学生理解付出和收获的意义，从而不断成长。

38 师生巧手包芹菜水饺

一、育人理念

劳动不仅是获取知识的手段，更是培养学生品格和情感的重要途径。通过亲身参与劳动，学生能够感受到辛勤劳动的价值，领悟到付出的意义，从而培养出执着、坚忍的品质。学校积极推进"五育并举"工作，重视劳动教育，让学生在实践中学习，让道德观念在行动中树立，让劳动教育真正在学生心中扎根生长。

二、背景意义

春和景明，万物复苏的季节，正是激发学生参与劳动教育的最佳时机。在这个美好的季节里，学校以"芹菜生长正当时，师生巧手包水饺"为主题，开展了一场别开生面的劳动教育活动。通过这次活动，学生们不仅有机会走进田间，亲手种植芹菜，感受到了农耕生活的辛苦和乐趣，而且通过动手制作和品尝自己包制的水饺，深刻体会到了劳动的成果所带来的喜悦和满足。这样的活动不仅让学生们感受到了劳动的意义和价值，更激发了他们对劳动的热爱和对生活的热情。

三、实践做法

（一）田间劳作，种植芹菜

在老师的指导下，同学们先是实地观察了土地情况，然后根据芹菜的生长

145

习性，设计出合理的种植方案。孩子们亲自动手，经历了松土、播种、灌溉、施肥等一系列农耕过程，体验了耕耘的辛苦与乐趣。他们在田间劳作、种植芹菜的过程中，感受到了土地的肥沃和劳作的辛劳，收获了丰硕的成果，也体会到劳动的甜美和成就感。

（二）家校共育，协力包饺

芹菜成熟后，学生们在老师和家长的指导下，学习了收割技巧，并将新鲜的芹菜用于包饺子。家长们积极参与，带来了家庭的烹饪经验，与学生共同完成了从准备食材到最终成品的整个过程。活动中，学生与家长一起动手包饺子，增进了亲子之间的沟通和互动，增强了家庭的凝聚力和情感联系，促进了家庭和睦与和谐。这一过程不仅锻炼了学生的动手能力，还增进了师生、家校之间的互动与合作。

（三）团队协作，创意展示

学生们在活动中展现出创意和团队协作精神，用不同形状的饺子展示了他们的智慧和创造力，同时培养了团队合作和沟通能力。他们积极提出创意，互相配合，共同完成了各种形状的饺子制作，展现了团队协作和集体智慧的力量，培养了创新精神和团队合作意识。

四、特色成效

1.体验劳动的艰辛与乐趣

通过参与劳动，学生们深刻体验到了劳动的辛苦和乐趣，从而培养了吃苦耐劳的品质和积极的工作态度。在收获芹菜、制作水饺的过程中，他们深刻感受到了食物背后的辛勤劳动和价值，从而更加珍惜食物，培养了良好的生活态度和品质。

2.加强家庭亲子关系

通过与家长共同参与劳动，学生们感受到了家庭的温暖和支持，增强了家庭成员之间的情感联系，培养了家庭观念和责任意识。

3.提升劳动幸福感

学生们通过劳动，体验到了劳动带来的温情和幸福，懂得了劳动的价值和意义。在劳动的过程中，他们感受到了团队协作和共同努力的乐趣，体味到了劳动带来的满足和幸福，从而更加热爱劳动，培养了积极向上的生活态度和价值观。

39 小小杨梅，大大感恩

一、育人理念

"让每个生命向上生长"，每个生命都是独特的，每个生命也在不断成长，纵使每个生命的成长速度不同，每个生命的成长方式也都是向上的。而感恩也是学生成长中的养料，这是促进学生向上生长的重要部分。我们一直努力让每个孩子不断超越自我，成为更好的自己，一起努力向上生长，成为"自主、自律、自信"的亲青胜蓝学子。

二、背景意义

感恩教育对于当下青少年有着更为重要的意义，而以活动为载体的感恩教育更能触发学生的心灵。在学校百果园里的杨梅成熟之际，为表彰在足球比赛中获得佳绩的同学们，肯定他们的付出和努力，让他们懂得感恩身边给予过帮助的人，学校开展了一场以"努力向上，懂得感恩"为主题的百果园摘杨梅活动。

三、实践做法

（一）认识杨梅

在采摘杨梅之前，学校科学组老师先给同学们做了简短的小科普，让大家对杨梅有了更加深刻的认识，能够辨别出杨梅成熟后的特征，为之后的采摘工作打好基础。

（二）采摘杨梅

在采摘杨梅的过程中，同学们分工合作，女足队员们负责采摘那些低矮树枝上的杨梅，男足队员们负责爬梯子采摘高枝上的杨梅。队员们的体力都很好，这都是每日刻苦训练的结果。老师也一同参与到这样的采摘活动中，和同学们一起体会丰收的喜悦，获得劳动的快乐。

（三）分享喜悦

同学们将采摘的杨梅拿去学校食堂，经过清洗、浸泡、腌制、熬煮、冷藏等一系列工序，最终制作出了冰凉酸甜的杨梅汤。同学们将这份清凉送给老师、校门口执勤民警、小区门口保安，以表达感恩；送给站在校门口的家长志愿者们，感谢他们一直以来对学校工作的支持，和他们一起分享这份喜悦。

四、特色成效

小小的杨梅，大大的感恩。这个活动不仅是一场劳动教育，实则益处颇多。它能够让同学们在劳动中感受团队合作的精神，体会劳动所带来的快乐，感受到自身的价值体现，同时也能够启发同学们要时常怀有感恩之心，感谢身边那些默默付出的人，努力成为一个努力向上、懂得感恩的亲青胜蓝学子，为学校的美好明天贡献自己的一份力量。

40 种下一片"太阳"之花

一、育人理念

学校一直将劳动教育视为培养学生全面发展的重要途径。我们深信,通过亲身参与劳动,学生不仅可以获取实用的知识和技能,更能够在劳动的过程中体验到成就感和自豪感。劳动教育不仅仅是一种学习方式,更是一种生活态度的培养和人格品质的塑造。学校致力于通过劳动教育激发学生的积极向上精神,让他们在成长的道路上不断向前,勇敢面对挑战。

二、背景意义

在秋高气爽的季节里,学校为了引导学生深刻领悟劳动的意义,同时激发他们对生活和自然的热爱,特意在校园内的青耕园开展了一场别具意义的活动——种下一片"太阳"之花。这次活动将劳动与自然的美妙结合起来,为学生们打开了一扇感受大自然、感悟生命的窗户,让他们在劳动中汲取力量,在向日葵的绽放中体味生活的美好。

三、实践做法

(一)活动前:激发兴趣,了解生长

在种植活动开始前,科学教师向学生们介绍了向日葵的生长特性和生态意义,激发了学生们对这种植物的兴趣和好奇心。学生们了解到向日葵不仅花瓣色彩鲜艳,还有助于传粉,为自然界的生态平衡做出贡献。学生们通过对向

日葵的生长过程的认识，对自然界的生命力和生态平衡有了更深刻的认识和感悟，培养了对自然的敬畏和热爱。

（二）活动中：小组合作，亲手种植

通过学生们的共同努力，一排排向日葵在青耕园中生根发芽，苗壮成长。老师与学生们分享了向日葵在自己心中的意义，并将其与在杭州举办的亚运会联系起来，象征着积极向上、勇往直前的精神。学生们在园艺工人的指导下，亲手挖坑、放入向日葵苗和填土，虽然过程辛苦，但每个人都满怀喜悦和期待。

（三）活动后：校长鼓励，解说寓意

校长将向日葵与积极向上的精神联系起来，并将其比喻为勇往直前的象征。这种象征意义激发了学生们的向上心态和进取精神，鼓舞了他们勇于面对挑战、追求梦想的决心和勇气。向日葵的成长过程也成为学生们成长的缩影，激励着他们迎风绽放，向着心中的太阳生长。

经过同学们的共同努力，一排排向日葵很快在青耕园里生根发芽，苗壮成长。在风中摇曳的向日葵，不仅美化了校园环境，更成为学生们心中成长的象征。学生们亲手种下了象征着积极向上精神的向日葵，这不仅是一次劳动的体验，更是对学生心灵的一次洗礼。选择向日葵不仅因其外形美丽，更因其顽强的生命力和迎着阳光的坚韧品质，寓意着学生们在成长的道路上积极面对生活的挑战，坚强向上，勇往直前。

四、特色成效

1.美化校园环境，培养学生美好心灵

这些向日葵不仅为校园增添了生机和活力，还美化了校园环境，为学生们创造了一个优美的成长空间。在向日葵的映衬下，学生们心中的美好愿望和向上精神得到了滋养和升华。

2.象征积极向上，激励学生成长

通过向日葵种植活动，学生们不仅了解了向日葵的生长特性和生态意义，还培养了对自然的理解和尊重。他们意识到每一种植物都有其独特的价值和作用，在劳动的过程中体会到了人与自然界的紧密联系，从而培养了保护环境、珍惜生命的意识和责任感。

3.激发自信品格，塑造坚忍品质

参与活动的学生们通过劳动实践，锻炼了自己的耐心、毅力，培养了自信、坚忍的品质和团队合作精神。他们在面对种植过程中的困难和挑战时，不畏艰辛，坚持不懈，最终取得了丰硕的成果，收获了成功的喜悦和自豪感。

41 筷子搭桥，变废为宝

一、育人理念

"筷子搭桥"活动是学校"劳动科技周"的系列活动之一，聚焦学生核心素养的培育。学生能够在充满趣味的活动中强化科学观念、发展科学思维、提升探究实践能力。教师运用趣味活动，结合跨学科主题学习，加强活动与学生经验、社会生活的联系，让学生学习并运用科学知识、劳动技能、实践经验等进行创新创造，不断提升学生在真实情境中综合运用知识、创造性解决具体问题的能力，同时强化学生环境保护、循环利用的意识。

二、背景意义

《义务教育课程方案和课程标准（2022年版）》提出"加强课程内容与学生经验、社会生活的联系，强化学科内知识整合，统筹设计综合课程和跨学科主题学习"。这就要求科学教师在教学过程中具有跨学科意识，注重培养学生在真实情境中综合运用知识解决问题的能力。"筷子塔桥"活动将科学学科与劳动学科融合，旨在培养学生们良好的科技探究习惯以及动手实践能力，发展学生的科学思维方式，同时在"变废为宝"的过程中强化了学生的环保意识。

三、实践做法

（一）掌握知识，积累经验

活动开始前，各班学生对初中科学学科中的力学知识点进行学习和掌握，初步了解和熟悉桥梁建筑的原理和方法，并通过视频学习、模型制作、实地考察等方式积累桥梁搭建经验，以小组为单位尝试制作"筷子桥"，为参与"筷子搭桥"活动做了充分的准备。最终在班级中选出"最佳搭桥小组"作为代表参与学校活动。

（二）创意无限，变废为宝

在科学老师的引导下，学生们以班级为单位开始有条不紊地制作"筷子桥"。在 30 分钟的时间内，学生们争分夺秒，创意频出。他们有的给筷子绑上皮筋，让它更加牢固；有的涂上 502 胶水，增加筷子之间的稳固性；还有的用透明胶把筷子紧紧地缠绕在一起。学生们发挥聪明才智，运用力学原理，发挥动手能力，将一根根废旧的一次性筷子变身为造型迥异的"桥梁"，实现了资源的重复利用。

（三）统一标准，科学检验

学生们拿着自己精心制作的作品来到"筷子桥"承重能力测试现场，由科学老师进行最终检验。裁判老师细心地将砝码盒放在"筷子桥"上，以检测桥的最终承重能力。在众多师生的见证下，参与学生看着自己亲手制作的劳动作品承受住一个又一个砝码，小组团队成员脸上个个洋溢着自豪的表情。最终胜出的"筷子桥"作品得以在学校平台上进行公开展示，获胜小组则得到学校精心准备的奖励。

四、特色成效

"筷子搭桥"活动知识性、趣味性十足，不仅有前期的学习和铺垫，后期也进行了丰富的展示和评价，深受学生欢迎，达成了"培养自律、自主、自信的亲青胜蓝学子"的育人目标。学生在活动中充分运用科学知识，发展了科学思维，提升了探究实践能力，同时在活动过程中增强了团队合作能力和环境保护意识。活动更是为学生们提供了发挥创造力和想象力、展示自身才华的舞台，让学生收获了满满的参与感和成就感。

42 冠军采香泡，冬日送甜蜜

一、育人理念

感恩对于每个学生来说无比重要，而感恩并不仅仅停留在语言的表达上，更要注重行动上的表达。学生通过自己努力取得收获，再将这份收获献给需要感恩的人。这样的感恩格外珍贵和真实，而这份真实的体验和感受可以让学生从心底领悟何为感恩，让学生成为一个懂得从心底感恩的人。

二、背景意义

《义务教育劳动课程标准（2022年版）》提出"义务教育劳动课程以丰富开放的劳动项目为载体，重点是有目的、有计划地组织学生参加日常生活劳动、生产劳动和服务性劳动，让学生动手实践、出力出汗，接受锻炼、磨炼意志"，在这样的劳动教育中培养学生的劳动观念。现在学生处在优渥的环境中，很难有机会参与各项劳动；并且在这个物质丰富的社会环境下，学生所拥有的和所得到的相对容易，感恩教育就更加重要。而学校的百果园是展开劳动教育和感恩教育的良好基地，可以培养学生的劳动观念，并将劳动成果分享以进行感恩教育。例如，为表彰冠军学生，开展劳动教育和感恩教育，学校举行了一场"努力向上，摘到最甜的成果"——冠军采香泡活动。

三、实践做法

（一）采摘香泡

在采摘前，首先要确定好采摘的人选。人员的选择可根据实际情况而定，本次采香泡活动由校运动会各项目冠军和区运动会获奖学生参加。随后，学校科学老师向同学们科普香泡知识，让学生在采摘之前对香泡有更深入的了解，也明确了采摘过程中要注意的安全事项。

（二）共制甜蜜

香泡采摘结束后，同学们一起前往学校食堂。在食堂阿姨的指导下，同学们开始给香泡去皮，了解制作蜂蜜柚子茶的具体方法，大家一起分工合作，共同制作这份甜蜜。

（三）分享暖意

在同学们的辛勤劳动下，美味的柚子茶制作完成了。这一份份的甜蜜，就由冠军们陆续送到了各个办公室，他们将自己劳动的收获分享给了老师们，让他们品尝到了这一份份学生亲手制作的柚子茶，从内心深处感受到了来自学生们的温暖。而在这个分享过程中，同学们既向老师们分享了自己成功的喜悦，同时，也在用自己的行动向每位辛勤付出的老师表达感谢。

四、特色成效

本次活动，让学生在真实的劳动情境中体会劳动的价值和意义，充分地培养了学生们的劳动能力、劳动品质和劳动意识。而劳动后的柚子茶分享环节让学生有机会表达对老师们的感激之情。这次活动，不仅关注了学生的劳动和感恩教育，对于学生的自信心培养也起到至关重要的作用。

43 送给老师的"一路繁花"

一、育人理念

世界上任何时间、地点都不缺少美，鲜花象征浪漫，蔬菜代表健康，但鲜花遇上蔬菜，会擦出怎样的火花呢？随着城市化进程的加快，越来越多的孩子远离了自然，为弘扬中华传统美德，构建和谐校园，让学生懂得感恩，在"最美教师"评选来临之际，学校组织开展了"以爱之名，传环保之声"——送给老师的"一路繁花"活动。

二、背景意义

党的二十大报告指出，"全面贯彻党的教育方针，培养德智体美劳全面发展的社会主义建设者和接班人"，再次将劳动教育同德育、智育、体育、美育放在同等重要的战略地位，明确了全面加强新时代大中小学劳动教育的重要性。劳动教育是新时代党对教育的新要求，也是突出学校培养自律、自主、自信青少年教育体系的重要组成部分，承载着全面建设社会主义现代化国家、全面推进中华民族伟大复兴的重要使命。

三、实践做法

（一）学"种植"之知识

活动开始之前，各班班主任给同学们讲解种植花菜的步骤，并对此次活动做详细的安排部署，就活动的时间、地点、人员分工、活动准备、活动管理和任务提出了明确的要求。在准备阶段，学校也给予了大力支持，购买了所需的种子、土壤和肥料，并为每个学生准备了劳动工具。

（二）品"播种"之希望

罗斯金说过："只有通过劳动，思想才能变得健全；只有通过思想，劳动才能变得愉快，两者是不能分割的。"纸上得来终觉浅，绝知此事要躬行。利用学校可视化资源，同学们在老师的指导下开始翻地、撒种子、种花菜苗，同学们播撒爱的种子，在实践中感受劳动的乐趣。

（三）悟"耕耘"之艰辛

一上一下挥动锄头，一深一浅留下脚印。通过亲手种植花菜，学习种植的每一个步骤，在实践中增长见识、丰富理论、提升技能。在接下来的几个月里，学生们都会定期照顾自己的菜地。他们要定期浇水、松土，还要及时除草、除虫。这些工作虽然有时辛苦，但学生们都乐此不疲，他们享受着和植物一起成长的过程。在这个过程中，他们学会了耐心、细心和责任心。亲力亲为的实践劳动，也让孩子们明白"一粥一饭，当思来之不易；半丝半缕，恒念物力维艰"的道理。

（四）享"活动"之收获

待到花菜成熟之日，胜蓝中学的每一位学子看到自己播种的种子如今变成这番模样，那一刻意义非凡。花菜经过学生们仔细认真地包装，最后送达每一位"最美教师"的手中。

四、特色成效

通过这次以种花菜为主题的综合实践活动，学生们获得了宝贵的经验和知识。他们不仅学会了种植蔬菜的技巧，还培养了合作意识和团队精神。这次活动不仅让学生们更加亲近大自然，也加深了学生和老师之间的浓厚情谊。在颁奖仪式上，学生将亲手种植的花菜送给心中最美的老师，收到礼物的老师们也满是惊喜和意外，纷纷表示这个"花"的味道很好，露出了幸福的笑容。"劳动创造幸福"的这颗种子在学生们心田里生根、发芽，并将结出丰硕的果实。

44 "青·胜"国防教育

一、育人理念

深化国防教育是学校一直倡导与实践的，全民国防教育，"全民"是关键，"国防"是内核，"教育"是途径。人人都参与到国防教育之中，才能为实现中国梦、强军梦凝聚强大力量。

二、背景意义

加强全民国防教育，是党和国家始终高度重视的一个重要战略。青少年是祖国的希望和未来，也是全民国防教育的重中之重。全民国防教育弘扬爱国主义精神，使全民增强国防观念，掌握必要的国防知识和军事技能，自觉履行国防义务，关心、支持、参与国防建设。新时代的青少年生逢盛世、朝气蓬勃、重任在肩，其国家意识、国防意识、国土意识、国策意识和国民意识需进一步增强。学校每年在新生进校时开展"青·胜"国防教育，培养学生守纪、文明、勇敢、坚毅的意志品质和良好的心理素质。

三、实践做法

（一）常规训练，步履铿锵

国防教育第一个环节为军人常规训练。首先是礼仪训练，在训练场上，身着迷彩服的同学们一改往日稚气，像军人一样带着满腔热血，目光坚定，直视前方，他们挺拔笔直地站着。纵然骄阳似火、身心疲惫，他们依旧昂首挺胸，军姿飒爽。接着是队列训练，稍息、立正、蹲下、起立……这些看似简单的动作，要真正做好并不容易。教官们一一示范指导，同学们认真观察每一个动作，然后反复练习，力求动作整齐划一。

（二）狼性训练，坚毅有力

国防教育第二个环节为充满挑战的"狼性训练"，有扛轮胎、扛圆木：扛起这根大圆木，可以做深蹲、做仰卧起坐……一声声"兄弟"与"姐妹"，将同学情谊紧紧联系在一起；有推战车：挑战没有极限，在巨大的战车面前，同学们手搭着肩相互帮助扶持；有400米障碍：400米障碍考验的是每个战士的体能和毅力，在克服障碍的过程中，孩子们主动合作的能力、责任心、领导力等都得到了锻炼。

（三）射击训练，勇往直前

国际教育第三个环节为射击训练。学生队伍整齐地进入射击场，在教官的悉心指导下，大家端枪瞄靶。"预备！"随着指挥员一声令下，孩子们严格按照动作要领，持枪、瞄准、射击……"打开保险，开始射击"，他们屏息凝气锁定靶心，轻扣扳机，伴随着一气呵成的动作，小心而坚定地射出人生第一枪。通过这次紧张而又刺激的打靶练习，新生们学会了在紧张的氛围中如何调整内心、如何镇定自若。

四、特色成效

本次"青·胜"国防教育活动是学校开展实践育人的重要组成部分，通过一系列常规训练，锻炼学生的礼仪、站姿，做到文明有礼守纪律；通过"狼性训练"，培养学生勇于挑战自我的勇气和坚强的意志，做到坚持不懈有自信；通过射击训练，引导学生沉着冷静分析和果断判断时机，做到坚定无畏勇往直前。在国防教育主题活动后，学校还分别组织开展学生国防教育主题征文比赛与家长感想的征文比赛，学生与家长好评不断，充分肯定，成效显著。同学们的收获是多方面的，思想上认识到了国防的重要性，身体上得到了锻炼，意志品质得到了磨炼，纪律性得到了改进，集体观念和合作意识明显增强，爱国主义精神得到激发。

学生与家长的感悟：

1.国防教育，渗着汗水和泪水，让我超越了之前那个软弱、胆小的自己。我和同学们一起经过辛苦的训练，用浑身酸疼的肌肉换来了我们中队整齐有力的动作、响彻营地的口号和意气风发的精神劲儿。结营检阅的时候，我们成为训练场上那道最亮丽的风景！（七年级杜同学）

2.感谢学校能组织这么意义非凡的活动，作为家长的我，整个过程中有期待，也有担忧。可那一张张照片、一段段视频，让我看到了孩子的成长及蜕变，使我打消了对孩子一切的担忧，更加坚信孩子的能力，看到了孩子更好的一面，我感到无比的激动和自豪。迷彩军训，青春无悔！相信此次的历练会持续在孩子们心中发光发热，他们将会以最饱满的热情、突破自我的决心，投入今后的学习生活中，带着"胜"的信念，在"蓝"天下奔跑！（七年级周同学家长）

校长在"青·胜"国防教育活动开营仪式上的讲话：

金秋九月，秋高气爽，在这孕育希望、承载梦想的美好时节，我们胜蓝中学七年级新生，开展为期五天的"青·胜"国防教育课程。首先，请允许我代表学校领导班子，对告别小学、迈入中学的新同学们表示热烈的欢迎！对给予学校"军魂"课程大力支持的部队军官，致以衷心的感谢！

同学们，刚刚过去的这个夏天，对于中国人、对于杭州人、对于"胜蓝人"，不仅是气温高，还是个热情似火、激情燃烧的夏天。在雅加达亚运会上，中国健儿顽强拼搏，为国争光，获得132金92银65铜，毫无悬念地位居亚洲第一，这是中国自信；闭幕式上，中国杭州正式"接棒"，亚运会进入"杭州时间"，短短3分钟的杭州形象宣传片，从良渚文化、运河风情到西湖风光，展现了杭州的独特韵味和别样精彩，这是杭州自信；同样，学校也是喜事连连，这是胜蓝自信。

我想问同学们一个问题：我们为什么要来上"青·胜"军魂课程，相信答案是丰富多彩的。我认为最大的意义就是树立胜蓝学子的自信，也就是让我们"遇见最好的自己"。

那如何才能"遇见最好的自己"？我想送大家三个关键词，作为对同学们"军魂"课程的期待。

一是坚定意志。至今我还清晰地记得当年初中的国防教育；在教官的陪伴下，我和同学们一口气跑完了5000米。那一刻，我终于明白，人之所以能，是因为相信能。当我们因困难而退缩时，请告诉自己，非不能也，而是不为也！国防教育过程中，我们会有苦，会有累。曾国藩曾说："能吃第一等苦者，方能成第一等人。"能吃苦本身就是一种生命唯美的姿态，能吃苦的人，必定是一个能和生活较真的人，是一个能和生命较劲的人，也必定是一个能和命运抗争的人。

二是坚决服从。美国西点军校有22条军规，第一条就是"无条件服从"。据说，美国西点军校只许对长官说四句话："报告长官，是的"；"报告长官，不是"；"报告长官，没有借口"；"报告长官，我不知道"。为何要服从？因为服从培养的是你的自制力、合作力和执行力。所以在国防教育时，同学们要努力做到一切行动听指挥，在服从中实现知行合一。

三是坚持到底。成功往往在于"再努力一下"的坚持之中。人生最大的意义是挑战生命的极限，开发生命的潜能，绽放生命的精彩。而坚持，就是挑战生命极限的过程。海明威的《老人与海》中，老人圣地亚哥与鲨鱼搏斗了49天后，伤痕累累地背着一根鱼骨头回来了。他是成功了还是失败了？在现实主义者看来，他是一个失败者；然而，在理想主义者看来，他是一个成功者。因为他在不断超越生命的极限，他在不断寻求最好的自己。国防教育的过程，就是我们不断挑战生命极限的过程。从国防教育流过的汗里、晒过的烈日里、吃过的苦里，去发现青春的英姿飒爽、血气方刚、勇敢无畏、意志坚强，做青春的主人，做生命的强者，这是"青·胜"军魂课程赋予我们的财富。

　　"长风破浪会有时，直挂云帆济沧海！"胜蓝已为在座的每一位同学规划好了五彩斑斓的人生起跑线，期待同学们带着国防教育时的精气神，去迎接生命中最好的自己；期待同学们都能做到不负国防教育，不负青春，不负初心，在起起落落里不孤单，在沧海横流中不迷茫，在百舸争流时不慌张，真正成为一名自律、自主、自信的"胜蓝人"！

45 国防教育正酣，熊熊篝火争燃

一、育人理念

"以艺修身，以美育人"，美育是一种最重要、最基础的教育。美育是指学校与老师教授绘画、音乐等艺术知识，通过为学生健康、个性发展搭建广阔舞台，引导学生提升艺术核心素养、展现自我才华。

二、背景意义

2020年10月中共中央办公厅 国务院办公厅印发的《关于全面加强和改进新时代学校美育工作的意见》明确指出，把中小学生学习音乐、美术、书法等艺术类课程以及参与学校组织的艺术实践活动情况纳入学业要求，探索将艺术类科目纳入初、高中学业水平考试范围。为全面贯彻党的教育方针，落实教育规划纲要，倡导德智体美劳"五育并举"，扎实推进"以美育人"，学校将爱国主义教育与美育相结合，在国防教育系列活动中加入了美育专题活动，意在激发胜蓝学子多样兴趣，培养各项能力，促进全面发展。

三、实践做法

（一）篝火晚会预热

在国防教育基地系列活动中，学校专门设计和实践了美育主题与国防教育相结合的篝火晚会专题活动，在学生与老师认真进行国防教育训练的同时，展现自我才艺与青春活力，愉悦身心。活动第一环节是由分管校长点燃火炬，在班主任之间传递，最终回到分管校长手中，点燃篝火，正式开启国防教育最后一晚的狂欢之门。

（二）学生才艺展示

活动第二个环节是学生才艺展示。同学们围着篝火，自告奋勇地展示自己的才艺，都是即兴表演。节目有相声表演、吉他弹奏、魔方展示、舞蹈展示和多样的歌曲演唱，学生一个接一个自信地走上表演的舞台，场面极其热闹有趣。

（三）教师才艺展示

活动第三个环节是教师才艺展示。在场的七年级班主任们也都各显身手，无论是舞蹈还是中英文歌曲，都很拿手，节目表演过程中更是离不开同学们的热情捧场，全场激情澎湃。

（四）爱国歌曲高唱

活动最后一个环节为红歌学习及演唱。首先，各班教官带领学生一句句地学习红歌并进行全体大合唱训练。紧接着，各班间进行红歌pk赛，军歌声此起彼伏，精彩纷呈。最后，总教官带领同学们一起唱响《少年》和《强军战歌》，篝火晚会在嘹亮的阵阵歌声中结束。

四、特色成效

"篝火争燃，唱响青春"活动是学校开展实践育人的重要组成部分。学校将国防教育与美育课程相结合，设计实践该专题活动。在活动中学生与教师展现才艺、学习红歌，培养了学生的兴趣，陶冶情操，开阔视野，挖掘潜力，团结协作，全方位提高学生的综合素质和能力。同时唱响爱国主义、红色传统主旋律，表达了对党和祖国的无限热爱，更使学生们普遍接受了一次思想的洗礼与升华，树立"为中华之崛起而读书"的崇高理想。充分发挥实践育人功能，促进学生全面发展，成为自律、自主、自信的具有胜蓝特质的优秀学子。

46

劳动育新人，感恩助成长

一、育人理念

"青·胜"国防主题教育是学校的特色主题教育，涵盖了爱国主义教育、感恩教育、劳动教育等。学生能够在一系列的活动中厚植家国情怀，培育知恩、念恩之心，培养热爱劳动的观念。学校围绕"培养自律、自主、自信的亲青胜蓝学子"的育人目标，在主题教育中"五育并举"，让学生能够在德智体美劳等多方面得到发展，让每个学生都能向上生长。

二、背景意义

习近平总书记指出："青年一代有理想、有本领、有担当，国家就有前途，民族就有希望。"① 《义务教育课程方案和课程标准（2022 年版）》将"有理想、有本领、有担当"定为育人目标。新时代需要德智体美劳全面发展的青少年，因此"青·胜"国防主题教育中涉及的爱国主义教育、感恩教育、劳动教育等都显得尤为重要且必要。育人为本，德育为先，一个爱国家、知感恩、爱劳动的好少年方能当好社会主义的建设者和接班人。

三、实践做法

活动一：乐享劳动美，争当"饺饺"者

开展劳动教育旨在提高学生的劳动素养。学生们利用国防教育训练的间隙

---

① 习近平：《在中国共产党第十九次全国人民代表大会上的报告》，《人民日报》2017 年 10 月 28 日。

参与包饺子活动。在过程中，学生们互相帮助，交流经验。在实践中，逐渐掌握了剁馅、包饺子、煮饺子等劳动技能。学生们将热腾腾的饺子分享给教官、老师和同伴们。在劳动教育中，学生体验了劳动的辛苦，收获了劳动的快乐。他们在不断尝试与不断进步中争做新时代好少年。

活动二：风雨人生路，道尽感恩情

陪伴是最长情的告白，陪伴是最无声的关爱，陪伴也是最平凡的家书。学生们在"青·胜"国防主题教育中接受了《风雨人生路》的感恩教育。学生们戴上眼罩，伴随着音乐，进入冥想，在老师的引导下，关于父母、老师、同学的一幕幕感人的画面浮现在脑海中，不少同学失声痛哭。随后，学生两人成行，一人扮演盲者，一人扮演哑者，行走在漆黑和寂静的道路上，却不曾迷惘。因为每一次转弯、每一次抬步，都会有一双手帮扶着。在国防教育的过程中，不少学生经历了人生很多的"第一次"：第一次集体活动，第一次整理内务，第一次长时间离开父母，第一次长时间和老师朝夕相处……体验到了艰辛、思念、感动，但这意味着成长。活动当天恰逢教师节，同学们由父母想到了身边的老师，于是全体同学由衷地向老师们道了声："祝老师们教师节快乐，我爱你们！"为了留住当晚的感受，学生们写起了家书，主动以质朴的语言诉说对父母亲人的思念，感恩他们对自己的付出。

四、特色成效

"青·胜"国防教育充分体现了"育人为本"与"德育为先"的原则，促进了学生德智体美劳全面发展。在劳动教育中，学生体验了劳动的辛苦，收获了劳动的快乐，培养了热爱劳动的观念。感恩教育中，学生们感受到了生命的意义，感受到了父母、老师以及同伴们对自己的关爱，坚定了知恩、念恩的感恩之心。胜蓝的亲青学子们逐渐成长为自律、自主、自信的人，成为有理想、有本领、有担当的新时代好少年。

47 学生春秋季研学实践活动

一、育人理念

实践育人是学校一直倡导的育人理念。中小学生研学是通过集体旅行、集中食宿方式开展的研究性学习和旅行体验相结合的校外教育活动，是学校教育和校外教育衔接的创新形式，是教育教学的重要内容，是综合实践育人的有效途径。

二、背景意义

学校教育要把立德树人融入思想道德教育、文化知识教育、社会实践教育各环节。这就要求我们要切实加强社会实践教育的育人功能，实现育人方式的创新突破。研学超越学校、课堂的局限，突出实践性活动的育人效果，以培养学生综合素质为导向，特别是社会责任感、创新精神和实践能力。学校每年组织开展学生春秋季研学实践活动，面向全体学生，突出实践性，强调学生亲身参与、主动探索，切实发挥社会实践教育的重要价值。

三、实践做法

（一）研学前期准备

每次研学活动前，学校都对外出研学课程高度重视，对学生安全、日程等进行详细安排，确保师生外出研学安全。行前各班通过班主任对研学的讲解、学生讨论等形式使学生们提前了解研学的内容及意义。

（二）研学具体案例

1.西溪湿地研学

素有"杭州之肺"之称的西溪国家湿地公园已有1000多年历史，其生态资源丰富、自然景观质朴、文化积淀深厚，是一个集城市湿地、农耕湿地、文化湿地于一体的国家湿地公园。在春季研学活动中，各班学生小组长拿着研学卡，带着组员，完成研学卡任务，并开展本班的研学特色活动。有班级开展"抓住春色"的活动，同学们亲密接触大自然，欣赏春日的美景并记录下别样的春色；也有班级同学以"接春"为主题，开展赞扬春天美景的诗句接龙活动。在秋季研学活动中，同学们以小组为单位，携带研学卡，穿梭于林间，带着好奇心到西溪湿地的各个景点进行实地探访。秋季研学不仅使同学们的身心得到放松，更让大家在课堂之外学习到许多知识，增长自己的见识，了解人与自然该如何和谐共处、相互扶持。

2.动物园秋季研学

2022年度秋季研学实践活动的地点是杭州动物园。这次活动好比是一节行走的课堂，孩子们可以通过亲身感受，体验书本知识和生活经验的深度融合。动物园里充满了乐趣，有活泼可爱的国宝大熊猫，有肉嘟嘟的海狮，还有高大威猛的大狮子……学生们按照班级小组分工合作，拿着研学卡和笔，认真记录着关于动物们的知识，完成研学卡上的任务。在研学活动中，胜蓝学子不仅开阔了视野，增长了知识，感受到了动物世界的多姿多彩，更认识到了爱护动物、保护环境是每个人义不容辞的责任。

3.良渚遗址公园春季研学

2023年4月，学校八年级全体师生一同前往良渚遗址公园，开展春日研学活动。各班拍完集体照后，同学们便分散进行研学活动。同学们以小组为单位，沿着研学路线，一起认真完成研学卡任务。良渚遗址实证了中华民族五千年的悠久文明史，同学们既走进了遗址，也走进了历史。

四、特色成效

　　春秋季研学活动是学校开展实践育人课程的重要组成部分，通过一系列研学实践，将校内理论知识教育与校外实践教育相结合，让知识在实践中运用。例如，西溪湿地的研学，让学生走进大自然，将科学课中的生物知识运用于植物认知，将语文课上的诗词知识运用到书写春色，将美术课上的艺术素养运用到美景绘制；动物园的研学实践，让学生将科学课上的生物知识再次进行实践，感受动物世界的多姿多彩；良渚遗址公园的研学活动，让学生学习良渚文明，感受中华文明的源远流长。学校组织的春秋季研学活动，引导学生用自己的眼睛观察世界，在实践中了解国情、开阔眼界、增长见识，促进书本知识和生活经验的深度融合，让胜蓝学子不断收获知识，向上生长。

48 九年级励志活动

一、育人理念

"以学生发展为本，为幸福人生奠基。"躬身俯首甘为梯，春风细雨润繁花。三年来的点点滴滴在眼前浮现，作为教师，我们提倡时常鼓励九年级学子在青春和人生的路口上拼尽全力，为梦想而战，让拼搏的青春闪耀最靓丽的色彩，力争把自己的名字写在更高的地方，把足迹留在更远的远方。

二、背景意义

九年利剑，正待青襟策马闯雄关。九年级学子的中考励志活动是积蓄学生力量的重要时刻。此次活动不仅增强九年级学生迎战中考的信心，激发学生斗志，鼓励学生勇创佳绩，同时也激励其他年级的学生们积极进取、奋发向上。中考励志活动是老师和学生之间的相互扶持，共同奋斗。所以，如何缓解学生紧张的备考压力，如何让学生轻松备战，是每一位老师不可忽视的问题，也是学校励志让胜蓝学子自信从容、青出于蓝而胜于蓝的不懈追求。

三、实践做法

（一）师者助力，为梦护航

风霜雨雪，师生同行。学生们的成长，永远离不开敬爱的老师。在百日誓师之际，老师们表达了自己的殷切期盼。教学处老师贴心叮咛学生们带好"文具包"，年级组长和班主任专门抽时间与学生谈心，任课老师们都用不同的方式关心学生们，学校食堂为学生们精心制作煲仔饭、状元粽，以及"中考加油菜谱"。

（二）家长支持，温暖同行

九年级的家长们来到现场，登台为胜蓝学子们加油助力，有寄语朗诵、舞狮表演等。阅过摞成山的书，做过漫天飞的卷。经过胜蓝的三年磨砺，学生们不但身体茁壮成长，学习方面也有长足的进步。一声声加油与祝福响彻全场，更触动了中考生们的内心。家长们的深情寄语，寄托了父母的殷切期望和鼓励，孩子们定能拼尽全力，迎接中考。

（三）铮铮誓言，勇往直前

雄关漫道，谁与争锋，学校组织九年级学子赴"山里人家"拓展基地进行中考励志教育活动。到达基地后，进行了激烈的团队比拼，培养了学生之间的感情。在付出的艰辛与努力下，团结的力量在每个人心中油然而生，力量的凝聚如同百川汇成海，每个人付出的一小点会成就伟大的梦想。这次活动的开展极大地丰富了学生们的学习生活，点燃了同学们的热情，培养了同学们的观察力、执行力和思考力，也希望同学们能把这份热情带入学习生活中，积极地迎接中考，开创美好的未来。面对即将到来的中考，胜蓝学子不惧挑战，迎难而上。在家长的殷切嘱托下，同学们纷纷在明信片上写下了100天后的寄语。出征仪式上，各班班主任带领九年级的学子们斗志昂扬地出征。

四、特色成效

在三年的学习生活中，同学们增长见识，收获友谊，学到智慧，发展才艺，每个人都获得了长足的进步。踔厉奋发圆梦想，笃行不怠战百天。中考誓师大会是黎明的前奏，是出征的战鼓，是拼搏的号角，相信在全体师生的共同努力下，九年级学子定能以勤奋为笔，以信心为墨，为父母争气，为学校争光，为人生添彩，在中考中再铸新辉煌。聚力成长，未来可期。九年级学子的中考励志活动，点燃了学生们的昂扬斗志，在接下来的日子里，胜蓝的学子们将披荆斩棘，乘风破浪，在理想之上缔造属于自己的城邦。胜蓝的学子们带着"胜"的信念在"蓝"天下奋力奔跑，跑出"胜蓝人"的精彩。

49 "亲越特别作业"之阅读

一、育人理念

为进一步提升学生的阅读能力，拓宽学生眼界，增进学生与父母的感情，让孩子们度过一个充实且有意义的假期，校长特意为七、八年级的胜蓝学子们布置"亲越特别作业"——亲子共读，共享美好时光。与父母共读一本自己感兴趣的书，并写一写自己的感悟，让学生和家长一起阅读、一起感悟。

二、背景意义

阅读有助于同学们了解历史，增长知识。经典作品是一种历史的见证，它们反映了特定时代的社会、文化和思想背景，让读者能够更好地了解历史、文化和社会的演变过程。阅读有助于提升审美能力，尊重人文精神。经典作品不仅具有丰富的文学艺术价值，还反映了人类精神生活的深度和广度。通过阅读经典作品，同学们能够提升审美能力，从而更好地欣赏和理解文艺作品，并且在欣赏过程中尊重人文精神。总之，阅读经典是我们成长和学习中不可或缺的重要组成部分，它对我们的文化素养、审美品位、人生态度等都产生深远的积极影响。

三、实践做法

阅读有助于引发人们的深思，启迪人生智慧。经典作品是伟大智慧的结晶，蕴含着人类文化的丰厚底蕴。读经典可以引发人们的思考，提升人们的思维能力和文化素养，为人们的生活产生多重启迪和影响。

（一）确定书目

最是书香能致远，希望同学们与家长一起选好书、同读书、共交流，在阅读中获得丰盈的人生。寒假期间，选一本喜欢的书进行亲子共读，然后完成阅读作品。亲子阅读作品可以通过专题片、纪录短片、情景剧、歌舞、快板等方式展示。

（二）共读倩影

"亲子共读一本书"，这一刻无疑是动人的、美好的，让学生和家长用相机留下美好、温馨的时刻。

（三）读书心得

当阅读成为习惯，阅读就开始无声无息地影响着孩子的成长。而作为家长，在伴随孩子阅读的过程中，同样也会有所收获、有所感悟。相信更多的爸爸妈妈希望把自己和孩子的阅读故事分享给大家，内容可以是亲子阅读给孩子带来的变化，可以是亲子阅读对家长自身的影响，更可以是亲子阅读过程中那些美好和幸福的瞬间。

四、特色成效

希望"亲子共读，共享美好时光"这一活动能让孩子养成爱读书的好习惯，培养其善良、开朗、幽默、自信的人格特性，也促进其在学习上的进步。当家长把一本书交到孩子手上时，带给孩子无限的人生可能性，成为一个启发者。这就是亲子阅读的魅力。

707 班俞同学的读后感：

《海底两万里》叙述了阿龙纳斯在海洋深处旅行的故事。故事发生于 1866年，当时人们在海上发现了一只被断定为独角鲸的大怪物，阿龙纳斯参与追捕，过程中不幸落水，落于大怪物的背上，他发现怪物并非独角鲸，而是一艘构造奇妙的潜水艇"诺第留斯号"。潜水艇是尼摩船长在大洋中一座荒岛上秘密建造的，他邀请阿龙纳斯一起去海底旅行。他们从太平洋出发，一路经过印度洋、红海、地中海、大西洋等，途中见到许多罕见的海生动植物和水中的奇异景观，又经历了搁浅、土著人围攻、冰山封路、章鱼袭击等诸多险情。最后，当潜水艇到达挪威海岸时，阿龙纳斯不辞而别，回到了陆地上。

再次读完这本书，我心中有个愿望，就是希望随尼摩船长一起探尽海底所有的秘密，可惜我没有阿龙纳斯教授的好运。书中将真实与幻想、现实与科幻巧妙结合，构思新颖，极富想象力。所描绘的神秘海洋的海底世界让这本书更加迷人。人物刻画生动且个性鲜明，幽默又富有逻辑的语言风格更是让人读来津津有味，给人以极致的美学享受。其中最具画面感，也最令我印象深刻的一段是捕鲸手尼德看到珍贵的南极鲸，想要去捕杀，只为了证明他的职业是捕鲸手，而尼摩船长的一番话让人感触很深。他说："为了捕杀而捕杀，那又有何意义？这是一种残酷无情的消遣方式，应该受到谴责。正是这种行为导致鲸鱼越来越少，最后必将使得这种有益的动物绝迹。"这段话可以说是整本书的点睛之笔，至今仍然是热门的环保话题，早已在两百年前就有先知者呼吁。没有蓝色就没有绿色，我们喝的每一滴水、呼吸的每一口空气，都与大海息息相关。海洋驱动着气候和天气的变化，同时它也为宇宙中大约97%的生命提供了住所。但是如今的人类在大肆地破坏海洋生态的平衡，我们要认识到人类与海洋是不可分割的，我们必须保护海洋资源，保护地球上的生命，为后世留下一片净土。

《海底两万里》是一部充满科学幻想的经典小说，书中不仅介绍了科学、真实的海洋知识，描绘了充满奇幻色彩的海洋动植物，同时向我们述说了一段段曲折离奇、引人入胜、惊心动魄的历险故事，在他们的背后也有很多值得我们细细品味、领悟的人生哲理。

50 "亲越特别作业"之感恩

一、育人理念

泰戈尔曾经说过："谢谢火焰给你光明，但是不要忘了那执灯的人，他是坚忍地站在黑暗当中。"感恩自古以来就是中华民族的传统美德。我们在感恩中回赠，懂得珍惜；我们在感恩中重义，修得好品；我们在感恩中坚强，提升自我；我们在感恩中幸福，洗涤内心。为了让学生度过一个充实且有意义的假期，校长特意为胜蓝学子布置"亲越特别作业"——心怀感恩，一起向上生长。

二、背景意义

初中生不仅应该孝敬父母、尊敬师长，而且对于曾帮过自己的人，也应发自内心地感激。给学生布置感恩作业，旨在让学生学会反思，善于发现别人的优点，对帮助过自己的人心存感激，培育学生的健康心态，进而塑造学生的健全人格。该特别作业对促进学生的心理健康、提高学生的人文修养具有潜移默化的作用，有利于培育学生的健全人格，继承中华民族的传统美德，学会诚实待人、诚信做事。

三、实践做法

（一）确定任务

为加强学生的思想道德建设，教育孩子学会感恩，我们开展系列感恩教育活动，引导学生在实践中体验感恩、学会感恩，帮助学生牢记父母的养育之恩、老师的教诲之恩和社会的关爱之恩。

（二）发现感动

生活中从不缺少感动，只是缺少发现感动的眼睛。以班级为单位，围绕"学会感恩、爱心永恒"主题，按照学生特点，组织关于亲情、感恩教育的主题班会，具体内容可自行安排。或讨论或演讲或讲述，结合生活实际谈自己的观点与认识，尤其是对父母、对亲人、对老师、对朋友的感激之情。

（三）寻恩记恩

寻恩，让学生每天学会观察，不断寻找身边人的恩德，用文字记录这些恩德。感恩是感受到恩德，感动于恩德，用心体会，用行动回报。报恩、报情，用多种方式去报答身边人的恩情，可以是送去一句感谢的话语，可以是长期坚持为班级、为同学、为家人做一些事情，也可以是帮助那些需要帮助的人。同学们将自己的感恩之情以各种形式展现出来，可以是用文字写下那一刻的感受，可以是用视频将那一瞬间化为永恒，也可以是漫画、摄影等形式。

（四）助力感恩

班主任结合自己的专业知识及生活经验，帮助孩子们对自己的作品进行修改，使得作品能够更好地传情达意。

（五）总结展示

活动结束时，学校举行"学会感恩，与爱同行"教育活动总结表彰会，认真总结学生的表现以及发生的变化，对典型的人和事进行表彰。对班级好的做法、对表现突出的学生，进行大会交流和表彰，最终挑选出优秀的作品，在各个媒体加以展示，起到榜样示范的作用，传播中华传统美德。

四、特色成效

感恩作业的意义在于提醒学生要感激自己所拥有的一切，包括家庭、朋友、健康、工作和生活等，同时也要感谢祖国、社会和自然。感恩作业的目的是鼓励学生更加关注自己的生活和周围的人、事、物，懂得感恩并表达感激之情，增强社会情感和凝聚力。

802班姚同学的感恩体悟：

心怀感恩是我们的一种生活态度，也是中华民族的一种优良传统。"落红不是无情物，化作春泥更护花"，这是花儿的感恩；"乌乌私情，愿乞终养"，这是鸟儿的感恩；"士为知己者死，女为悦己者容"，这是人们的感恩。因为感恩让这个世界变得丰富多彩。

生活中处处充满了感恩，翻开独属于我的泛黄的事件簿。早晨，我打开窗，清晨第一缕阳光洒进房内，窗外鸟儿站在枝头，叽叽喳喳地叫着；门口的大黄狗正在嬉戏着；田埂上的公鸡鸣叫着。这天的我早早地便起了。

我迈着轻快的步伐下楼了。走了一半，便发现楼下厨房里的灯还亮着，一个身影在厨房里忙碌着，我不自觉地放慢了脚步，终于看清了那个身影——奶奶。她的背影在暖光色的灯光下显得矮小极了，我的心中多了一种难以言喻的心情。我又加快了步伐，走进了厨房，刚走到奶奶背后便被发现了，"你下来了！快来吃早饭吧！"奶奶一边端着盛满早饭的盘子走了出来，一边把我推搡出来。"哇！这么多啊！一起来就有得吃……"我还没说完，奶奶便放下盘子，转身再次进入厨房。我看着奶奶的背影——大概是平日里的琐碎事儿太多，或者因为总是将锄头扛在肩头，奶奶的背影显得更沧桑了。我的视线落在了奶奶放在身侧的那双手上——手掌上布满了大大小小的茧子，手背上的血管似趴满了一条条扭曲的蚯蚓……这都是岁月的痕迹。

突然，我的眼前变得模糊了……

奶奶对我的爱是我纸笔写不尽的，也是我滔滔道不完的。奶奶对我的爱是下意识多给我的一份吃的，是提醒我天冷加衣，是总把好东西给我……

我要怀着一颗感恩的心对待亲人、对待朋友。感谢奶奶对我的爱，它是我的精神依靠和"救命解药"。

51 "亲越特别作业"之劳动

一、育人理念

高尔基曾说过："只有人的劳动才是神圣的。"假期是同学们开展劳动实践活动的良好契机，在寒假期间学校结合"劳动清单"，特意为学生布置了一份"亲越特别作业"：以"丰衣足食"为主题进行寒假劳动实践活动，鼓励同学们用一双慧眼去发现生活中的"美"，并用"美衣"和"美食"表现出来。

二、背景意义

劳动教育是国民教育体系的重要内容，是学生成长的必要途径，具有树德、增智、强体、育美的综合育人价值。实施劳动教育，重点是在系统的文化知识学习之外，有目的、有计划地组织学生参加日常生活劳动、生产劳动和服务性劳动，让学生动手实践、出力流汗，接受锻炼、磨炼意志，培养学生正确的劳动价值观和良好的劳动品质。

三、实践做法

（一）"丰衣"任务

"丰衣"任务要求利用家里现有废旧材料，为自己设计并制作一件带有"龙元素"的环保新衣服。"丰衣"预期成果是：绘制一张新衣服的设计图，写清楚需使用的材料；在确保安全的前提下，独立完成制作；穿上新衣服展示，并谈谈制作过程中的感受。"丰衣"递交成果如下：一是新衣服设计图照片一张；二是记录制作过程的照片两张；三是学生穿着新衣展示的正面全身照一张；四是评价打分过的评价表照片一张。

（二）"足食"任务

"足食"任务要求设计菜谱、采购食材、动手制作，为家里的年夜饭添一道具有"龙元素"的美食。"足食"预期成果是：设计并绘制一张菜谱，要写清楚使用的食材、制作的简单步骤；自行完成所需食材的采购，必要时可由家长协助；在确保安全前提下，独立完成这道菜的制作；在享用年夜饭的过程中，为家人介绍这道菜的特色，谈谈制作过程中的感受。"足食"递交成果如下：一是学生设计的菜谱照片一张；二是采购食材、制作菜肴过程的照片两张；三是学生和家人制作菜肴的正面合影一张；四是评价打分过的评价表照片一张；五是菜肴特色介绍及制作过程中自己的感受。

（三）总结展示

活动结束时，学校举行"丰衣足食，分享龙年精彩"教育活动总结表彰会，认真总结学生的表现以及发生的变化，对典型的人和事进行表彰。学校也将举行总结表彰活动，对班级好的做法和在此过程中表现突出的学生进行大会交流和表彰，最终挑选出优秀的作品，在各大媒体加以展示，起到榜样示范的作用，传播中华传统美德。

四、特色成效

劳动即生活，生活即教育。劳动教育有助于树立正确的劳动观。劳动教育对培养青少年的独立生活能力、勤俭朴实的生活作风，以及适应社会发展的需求，有着其他各育不能替代的作用。培养学生正确的劳动观是学生端正劳动态度和养成劳动习惯的基础。因此，通过劳动教育，让学生热爱劳动、尊重劳动人民，并积极引导学生将脑力劳动和体力劳动相结合，提升综合素质。

702班黄同学的劳动感悟：

制作环保衣服的过程并不简单，需要精心挑选材料，细心设计款式。在制作过程中，我选用了废弃的布料、零碎的线头和废旧的纸箱等材料，通过巧妙的设计和缝制，让这些废旧物品焕发出新的生命力。这个过程让我深刻体会到了废旧物品的再利用价值，让我明白了环保就在我们身边，只要用心去发现、创造，就能让这些废弃物品变成实用的物品。同时，这次活动也让我意识到，环保需要我们每个人的共同努力，只有每个人都积极参与到环保中来，才能让我们的地球更加美好。这次制作环保衣服的活动，让我收获了很多。在今后的日子里，我会继续关注环保问题，用自己的实际行动去保护我们共同的家园。

704班吴同学的劳动感悟：

我今天用废品做了一件衣服，先找来纸板箱、剪刀、胶带、白纸等物品。准备好材料后，先画出草图，再一步步执行。先在纸板箱上剪出头、手的伸出口，光是这一步就用时半个多小时；再找一张龙的画，在纸上画下来后上色；剪好之后，再把衣服的袖子做好，把"龙"贴在衣服正面就大功告成了。做这件衣服可真不容易。为了防止剪坏，我一点点沿着线剪。画"龙"也是一大困难，照着图片一笔一画地画下来。但做好之后有满满的成就感，十分开心。

52 "亲越特别作业"之规划

一、育人理念

"一年之计在于春，一日之计在于晨"，"凡事预则立，不预则废"，都是说明规划、计划的重要性。为了让胜蓝学子的假期生活能够丰富充实，校长特意为同学们布置了"亲越特别作业"——制定一份寒假自主学习规划。胜蓝的亲青学子们用不同的形式，为自己制订一份科学合理的寒假学习生活计划，努力做到自主规划、劳逸结合、高效学习。

二、背景意义

首先，通过制订学习计划，学生可以清晰地安排自己的学习时间，合理安排每一天的学习进度，从而有效地利用时间，提高学习效率。其次，这有助于学生设定明确的学习目标，将自己的学习目标细化为具体的目标，并设定有挑战性和可实现性的目标，从而激发学习动力，提高学习积极性。再次，这能帮助他们提高学习效率，科学合理的学习计划可以让学生在有限的时间内完成更多的学习任务，提高学习效率，培养学生的自主学习能力。最后，学生制订学习计划的重要性在于帮助他们避免"拖延症"的发生。"拖延症"是很多学生面临的问题，而一个好的学习计划可以帮助学生克服"拖延症"。通过制订学习计划，学生可以合理安排学习时间，将学习任务分解为具体的学习步骤，有条不紊地进行，避免因拖延导致的学习任务积压，进而影响学习效果。

三、实践做法

（一）进行自我分析

在制订学习计划的时候，要先分析自身的实际学习情况，不要看别人定什么目标，就给自己定什么目标。制定不适合自己的目标，结果不是半途而废，就是丧失对学习的兴趣和信心。所以，认清自己学习上的优劣势，明确自己的优点和不足，是制订学习计划的第一步。

（二）确定学习目标

学习目标是学生学习的努力方向，正确的学习目标能催人奋进，从而产生为实现这一目标而奋斗的力量。没有学习目标，就像漫步在街头不知走向何处的流浪汉一样，是对学习时光的极大浪费。确定学习目标首先应体现德智体美劳全面发展的教育方针，其次要按照学校的教育要求，还要根据自己的学习特点和现状。

（三）科学安排时间

科学的规划要高效，在相应的时间内实现全面、合理、高效。全面，在安排时间时，既要考虑学习，也要考虑休息和娱乐；既要考虑课内学习，也要考虑课外学习，还要考虑不同学科的时间搭配。合理，要找出每天学习的最佳时间，如有的同学早晨头脑清醒，最适合记忆和思考；有的同学则晚上学习效果更好，要在最佳时间里完成较重要的学习任务，此外注意文理交叉安排，如复习一会，就做几道算术题，然后再复习自然、外语等。高效，要根据事情的轻重缓急来安排时间。一般来说，把重要的或困难的学习任务放在前面来完成，因为这时候精力充沛、思维活跃；而把比较容易的放后面去做。此外，较小的任务可以用零星时间去完成，以充分做到见缝插针。

（四）从实际出发

在制订计划的时候，不能脱离学习的实际情况，主要指以下几方面：自己的知识和能力、每个阶段的学习时间、学习上的缺欠和漏洞、老师的实际进度，从实际出发，不平均使用力量。

四、特色成效

规划可以减少学生学习的盲目性、随意性，强化学习的目的性和可控性。规划把学生的学习目标、学习任务明确化、具体化，并落实分配到每一天、每一时的具体学习中，使学生时刻保持清醒，明白自己每阶段要完成的各项工作。学生制定规划可以减少学习中的紧张、忙乱，带来一种和谐进阶的学习状态。

53 青"慧"学，暑假学科作业展

一、育人理念

　　各学科具有特色的作业布置及其展示活动，是响应新课标"教—学—评"一致性及落实学生核心素养的重要方式，学生通过各学科特色作业，巩固学科知识，发散学生思维，提升学习能力，培育综合素质。

二、背景意义

　　新修订的《义务教育课程方案和课程标准（2022年版）》明确指出，要以深化教学改革为突破，强化学科实践，推进育人方式变革。核心素养背景下，教师的教学方式虽然在不断变化与改进，但仍然很难跳出应试教育的桎梏，所以，需要在教学中更加关注学生思维的培养，作业评价时充分利用多种方式和手段。各学科的特色作业能更具针对性、创造性地帮助学生将学科知识运用到真实生活情境中，培养学生的发散思维，提高其综合能力，落实核心素养。

三、实践做法

（一）语文学科：精彩胜蓝，"语"你同行

　　语文学科充分利用学科特色、特点，培养学生家国情怀。通过阅读名著，让学生抒写感触。八、九年级学生在现场展示自制的精致小报，如八年级的《红星照耀中国》，九年级的《水浒传》。同学们通过悦耳动听的声音与简单却用心的辞藻来描述他们小报的内容，表达自己对经典名著的见解。才艺展示环

节中，通过书法、音乐等形式，展现学生的综合素质，更坚定了文化自信。

（二）数学学科："数"你"慧"学，让思维可见

数学学科通过理论与实践的结合，让学生在小小的手工作品中感受数学的魅力。八年级学生以"三角形的初步知识"为主题，设计思维导图；九年级学生梳理总结几何知识，用自己的方式对所学的知识进行了归纳和分类。现场的"刻字剪纸"活动，同学们利用现学的内容，剪出了各种各样的具有轴对称性的图案，同时还结合校园文化剪出了漂亮的汉字，如"优质胜蓝""精品胜蓝""智能胜蓝"等。特别的底板，精美的剪纸，配上充满力量的文字，不仅锻炼了学生的动手能力，更加增强了学生向上生长、追求卓越的信心和勇气。

（三）英语学科："英"你而精彩，"语"你共成长

英语学科积极尝试教学改革，进行"微项目化学习"。同学们围绕课本中的"Sports and food"话题，以小组为单位进行合作探究，有的同学查阅和学习篮球、足球等体育项目的历史，亲身参与到体育活动中感受运动的魅力；有的同学则尝试了课文中提到的食谱，自己动手复刻出书本上的美味佳肴；还有同学学唱了英文歌曲，一展歌喉。这样的学习不仅让同学们提高了综合能力和学科素养，更有效地增强了学生的学习动机和兴趣，增强了学生的自主学习能力和团队合作精神。

（四）科学学科：科学在心中，创新在手中

科学组活动旨在引导学生发现生活中的科学知识，并鼓励学生秀一秀科学实验技能。八年级学生利用身边的实验器材，"携手"2200多年前的古希腊物理学家阿基米德，完成严谨的浮力实验报告。九年级学生发现自行车中存在非常多的杠杆原理，制作了图文并茂的知识小报，并在现场实验展示五彩的化学世界，还自己当小老师，讲解起实验中的奥秘，培育了科学精神，赢得了在场科学老师们的肯定。

（五）社会学科：脚踏实"地"探时空，年华"政"茂观天下

社会学科结合政、史、地学科特色，培育学生的核心素养，提升学生对社会学科的热爱，同时扩展同学们的时政视野。八年级学生利用所学知识，动手、动脑，制作了地理模型，整理了历史导图，摘录了时事新闻，充分体现了学科综合素养提升的理念。同学们的手工制作材料虽简单，但环保又不失美观，一双双发现美的眼睛，将学科知识融于点滴生活中，每件作品都蕴含了孩子们对学科知识的思考与观察，更展现了他们对生活的热爱。学中做，做中学，同学们在实践中获得了快乐与成长。九年级的同学们聚焦欧洲史，结合对历史的了解，为自己感兴趣的历史人物绘制了精美的明信片，有威武庄严的拿破仑，有英姿飒爽的哥伦布，还有搞怪经典的爱因斯坦……通过一张张名人明信片，引导学生在了解历史的同时，逐渐养成辩证、客观地评价历史人物的能力。

四、特色成效

假期学科作业展示活动，以各教研组为单位，结合各学科特色和各年级学情，通过教师的精心设计和学生的认真完成，充分响应了新课标提出的"教—学—评一体化"，以小作业的创新设计撬动学科教学大变革，通过实践活动、跨学科设计、微项目化学习等方式，让学生将课堂知识融入生活中，掌握学科知识，落实核心素养，为学生减负增效。

54 聪慧显出"形"，寒假学科作业展

一、育人理念

当今教育单纯地依赖课堂教学已无法满足学生全面发展的需求。学科实践活动作为一种新颖而富有成效的教学方式，正逐渐受到教育工作者的重视。这种实践方式不仅有助于学生在实践中深化对知识的理解，更能培养他们的创新意识和实践能力，从而全面发展学生的综合素质。

二、背景意义

学校始终秉持"学科育人、全员育人"的教育理念，坚信每一位学生都有其独特的潜能和兴趣。为此，学校在寒暑假期间设计了系列具有学科特色的活动，旨在让学生在轻松愉快的氛围中发挥自己的特长，实现个性化的发展。

三、实践做法

（一）语文学科的特色活动

春节期间，语文组老师鼓励学生们观察身边的春联，体会传统文化的魅力。同时还建议学生们利用寒假时间，选择一部名著进行深度阅读，并通过制作思维导图或内容概括小报的形式，对书籍内容进行归纳整理。这样的活动不仅增强了学生的阅读理解能力，还锻炼了他们的归纳整理能力。

（二）数学学科的创意实践

数学思维导图是一种创造性、有效性的记笔记的方法，能够用文字将同学们的想法画出来，能够用图像将数字呈现出来，把一长串枯燥的信息变成彩色的、容易记忆的、有高度组织性的图画，它与我们大脑处理信息的自然方式相吻合。数学本身研究的是点、线、面、体，而思维导图是由点到线、线形成面、面面结合成导图体的一种展现方式。数学组老师设计了一系列与数学思维导图相关的活动。他们鼓励学生们运用思维导图这一创新性的记笔记方法，将数学知识系统化、网络化。通过这样的方式，学生们不仅加深了对数学知识的理解和记忆，还培养了他们的空间想象力和创造力。此外，老师们还结合学生们的其他数学作业，评选出优秀作品进行展示，进一步激发了学生们的学习热情。

（三）英语学科的互动学习

英语组老师设计了一系列与杭州亚运会相关的活动。他们鼓励学生们用英语介绍杭州的旅游景点，制作个性化的旅行Vlog，向大家介绍杭州优美的人文景观，以此提高他们的英语口语表达能力和创新能力。此外，为培养学生的想象和动手能力，陶冶学生的情操，进一步激发学生热爱生活、热爱学习的热情，加强学生与他人的情感沟通，提高学生的英语表达能力，也为了培养学生的跨文化交流能力，老师们鼓励学生们在新春佳节之际给长辈、亲人、朋友制作英文贺卡，用英文表达春节的祝福。这样的活动不仅增强了学生们的英语表达能力，还加深了他们与家人、朋友之间的情感联系。

（四）科学学科的探索之旅

科学组老师组织了一系列与生命科学、物理学和地理学相关的探索活动。他们鼓励学生们观察身边的生物现象，了解生命的诞生、生长、繁殖和死亡过程；同时他们还引导学生们通过制作生态瓶等方式，探索微观世界的奥秘。在物理学方面，老师们设计了力学和电学知识整理的活动，让学生们通过制作思维导图的方式回顾和梳理初中阶段的主要知识点；在地理学方面，老师们则鼓励学生们手绘小报和地图，以此来展示他们对世界地理的认识和理解。

（五）社会学科的慧眼之旅

手绘小报和地图的实践活动，使学生在创作过程中融入自己的思考，深化自己对世界地理的认识和理解，不仅拓展了自身知识，还培养了创新能力。一张张色彩明丽的手绘小报、手绘地图，不仅展示了同学们的地理知识储备，还体现了他们对祖国的热爱和对美好生活的向往。这样的实践活动不仅有助于同学们深化对世界地理的认识和理解，还能拓展他们的知识领域，培养创新能力。

四、特色成效

通过这一系列丰富多彩的学科实践活动，学生们不仅巩固了课堂上学到的知识，还拓展了自己的视野和思维方式。他们在实践中学会了如何运用所学知识解决实际问题，如何与他人合作完成任务，如何在挑战中不断成长。同时，这些活动也让学生们更加深入地了解了不同学科之间的内在联系和交叉点，激发了他们对知识的渴望和探索的热情。他们在活动中展现出的创新思维和实践能力令人印象深刻，充分证明了学科实践活动在促进学生特色发展方面的巨大潜力。

55 别出心"菜","蔬"式奖励

一、育人理念

在初中教育阶段，期末奖励作为对学生一学期努力的肯定，其形式和内容也在不断创新。学校力求育人于活动，发挥每一次校级、班级活动的育人功效，培育自律、自主、自信的亲青胜蓝学子。学校"笃志三班"利用蔬菜进行期末奖励，这种独特的奖励方式既创新又富有教育意义。

二、背景意义

《深化新时代教育评价改革总体方案》等文件提出"五育并举"，在学校教育中推进德育、智育、体育、美育和劳动教育，而学校一直积极践行"五育并举"，一直积极开展劳动教育。"笃志三班蔬式奖励"活动为一个学期以来在各个方面取得进步的同学们颁发绿色时蔬，进行别样的点赞和奖励。孩子们将收到一份特别的奖品—— 一颗大葱和各式各样有美好寓意的蔬菜，寓意"2024带着好运，我们一起向前冲"。这些带着美好祝福的蔬菜均来自学校学生劳动菜地和家长的菜园，一方面寄寓着老师和家长对孩子们美好的期待，另一方面也希望大家既可以分享收获的喜悦，又能深刻领悟"一分耕耘一分收获"，同时还可以提高他们的劳动技能和综合素养。

三、实践做法

（一）头脑风暴，确定蔬菜

全班同学们进行头脑风暴，利用谐音联想富有美好寓意的蔬菜，并且利用互联网查询种植的相关知识，为后续采购种子进行种植做好准备工作。

（二）小组合作，自信采购

全班分成 6 个小组，根据头脑风暴中脱颖而出的蔬菜品种，组内分工进行细致的研究和探讨，掌握土壤、气候等因素对于蔬菜种植的影响，确定好蔬菜生长周期，每一组确定 1~2 个蔬菜品种，分组采购蔬菜种子。

（三）确定分工，有序安排

蔬菜种子由孩子和家长共同挑选、采购齐全后，每个小组有序认领蔬菜种子，并进行组内分工，例如种植、呵护、记录、丰收等种植步骤都应该有专人负责并且定期管理，还要详细记录"蔬菜日志"。

（四）悉心呵护，静待成长

每一小组都用心呵护、细心观察、耐心记录蔬菜的生长过程，遇到晴朗日子居多的时候，他们不会忘记给蔬菜浇水；在寒冷的天气，他们也不忘给蔬菜加衣服，借助家长的力量，给蔬菜披上一件塑料罩衣，就这样静待蔬菜的生长。

（五）奖励成果，喜悦丰收

一年一度的期末表彰大会如期到来，以往都是奖励学习用品、盲盒文具等，不仅学生失去兴趣，家长也比较反感，因为要涉及很多的费用。我们一改往常，进行别出心"菜"的"蔬"式奖励，这一举措得到了家长的大力支持，好几位家长自家种植的一些蔬菜，也纷纷赞助给孩子们用于奖励，比如大葱、土豆、黄瓜等。孩子们得到寓意满满的蔬菜，很惊喜，有的比一比蔬菜大小，有的甚至直接开吃，有的开心地带回家，做成美味菜肴和家长一起分享。

四、特色成效

　　小小的蔬菜被赋予了老师和家长对孩子们最美好的祝福：玉米寓意"玉"你同行，西红柿寓意好"柿"发生；黄瓜寓意"瓜"目相看；大葱寓意大家一起"葱"；红薯寓意"薯"你最棒；南瓜寓意顶"瓜瓜"……领到蔬菜奖励的孩子们无比激动，无比自豪。其实，学习就像种地，只有付出努力和汗水，才能品尝到美味的果实。别出心"菜"，"蔬"式奖励让孩子们更有动力一路向前"葱"，去遇见更好的自己。

56

校长请全班学生嗑瓜子

一、育人理念

"办一所让学生喜欢、自豪、怀念的好学校"是学校的办学愿景。学校尽可能为每个孩子搭建成长平台，鼓励他们积极参与，发挥自己的优势，在学校生活中留下更多美好的回忆。教师们精心筹备和实施每一次活动，力求带给孩子们绝佳的体验和深刻的记忆，每一年的开学典礼活动便是其中之一。

二、背景意义

开学典礼上的"青春盲盒"活动是学校的一个经典活动，每班代表上场进行射击体验，感受射击的魅力，也为班级赢得了属于自己班级的幸运盲盒。盲盒里的惊喜有"中饭加鸡腿""全班嗑瓜子""广播站点歌4首""定制校徽一枚"……这些盲盒寓意着学校对学生们的美好祝福，不仅为学生们的新学期增添了乐趣，也体现了学校的办学愿景。

抽中"全班嗑瓜子"的班级，在合适的时间由校长亲自兑现承诺，又恰逢杭州第19届亚运会闭幕式，在紧张的初三学习中，让孩子们意想不到的是竟有如此轻松舒适的时刻。这一举措也体现了校长对学生的关怀和学校教育的创新，学生能够以更加生动和有趣的方式挑战紧张的初中学习生活。

三、实践做法

（一）精心布置，分发惊喜

晚自习时，校长走进901班兑现开学盲盒的承诺。学生们精心准备了黑板报，并将班级分成几个小组，座位也进行了适当的调整，随后校长亲自进行瓜子分发。孩子们非常激动，有的手舞足蹈，有的欢呼雀跃，终于兑换到了心心念念的奖品。

（二）小组讨论，环保制作

在教室里正大光明地嗑瓜子，这是从未有过的举措，孩子们激动之余也有些顾虑：瓜子壳怎么处理呢？孩子们在小组里讨论起来了，随后校长给大家支招，并且手把手教孩子们制作纸盒，方便大家扔瓜子壳。孩子们快速学会，人手一个瓜子盒，班主任也不用担心弄脏教室地面，同时还提升了孩子们的环保意识。

（三）亚运陪伴，快乐加倍

恰逢杭州亚运会闭幕式，开启大屏幕，边嗑瓜子边看亚运会，这感觉真是顶呱呱，这体验感也是非常特别的，给孩子们留下了非常深刻的印象。

（四）及时记录，宣传活动

通过学校的视频号、公众号或社交媒体，记录和宣传这次奖励活动，以展示学校对学生的关怀和教育的创新举措，对学生在开学典礼上抽中的幸运盲盒"全班嗑瓜子"进行兑现，同时又借助杭州亚运会这一热点大事件，给孩子们带来绝佳的体验感和幸福感。

四、特色成效

学生一边轻松嗑瓜子，一边热情观看亚运会闭幕式，气氛既活泼又愉快。这次活动热度很高，被多家媒体报道，也得到家长对学校教育工作的大力支持与肯定。本次的开学承诺兑现不仅给孩子们增添了乐趣和惊喜，而且激发了学生的积极性和主动性，在初三的紧张学习之余稍许放松，调整心态，积极面对各种挑战；让学生明白美好的生活需要通过努力去获得，忙碌的学习中也有一些小惊喜；同时也帮助他们培养良好的卫生行为习惯。奖励机制和教育教学有机结合，既能鼓励学生又能促进他们全面发展。

57 喜鹊行动

一、育人理念

教育的艺术在于唤醒和鼓舞，激励学生是一个长期的过程，既要用心，又要用对"力"。优秀的榜样、适当的竞争、简单的赞美和一定的荣誉都是激励学生的好办法。

二、背景意义

为了更好地激励学生，表彰先进，同时感谢小学为学校输送的优质生源，为小升初打下坚实基础，学校开展"喜鹊行动"。"喜鹊行动"即喜鹊报喜，每一学年开展一次。"喜鹊报喜"告诉我们，团结一致才能克服困难，一定的努力和坚持才能积累足够的力量达成自己的目标，这是对学生的激励。"喜鹊报喜"意义深远，它时时刻刻提醒我们，要坚持自己的梦想，不能放弃，它会带给我们意义深远的教育。

三、实践做法

"喜鹊行动"的本意在于挖掘与表彰更多优秀毕业生，鼓励他们突破自己。在中考前夕，教师会根据每位学生的性格、兴趣和能力，运用不同的激励方式。教师通过日常观察、交流互动等方式，了解学生的个性特点、学习需求和成长目标。此评价激励方式有利于家校社合力育人，吸引优秀生源，挖掘学生潜力，构建小升初成长共同体，具体做法如下。

1.制作喜报，表彰优秀毕业生

根据中考成绩及高中录取情况，表彰学校重点高中、优质高中录取学生，提升学校美誉度。

2.喜报到校，喜讯传递

组建喜报传递领导班子，由校长、教学处主任等亲自将喜报送至被表彰学生就读的小学，慰问并感谢教师，使小升初纽带更紧密。

3.榜样激励，家社宣传

发挥优秀学生的榜样作用，与学生家长深入交流，将学生的表现和进步向家长汇报，形成家校合力，促进学生全面健康发展。为优秀学子提供优秀事迹宣传平台，把喜报送到社区，张贴在社区公开栏；在新初三动员会、年级大会等场合邀请优秀学生讲话，起到正向激励的作用。

四、特色成效

"喜鹊行动"是为突出优秀学生的示范引领作用，进一步扩大先进的影响力、感召力而采取的评价措施。这一举措不仅能增强学区内小学、初中的联动合作，共育优秀学子，还能提升学校在家长心中的美誉度，让家长看到孩子的潜力，共同分享喜悦。教师通过喜报传递、制作荣誉证书、写表扬信等方式，将对学生的认可和赞赏以书面形式表达出来，这种表扬方式具有持久性，既能让学生感受到自己在集体中的价值，增强归属感，正视自我优点，也可以让学生回顾自己的成长历程，是一份珍藏。学校一直坚持正面教育为主，开展花样评价，努力为学生搭建展示才华的舞台，实现家校社协同育人。"喜鹊报喜"是告诉学生，"每一次努力，都会让我们离成功更近一步。只要我们不停迈着坚定的脚步，终究会走向成功，实现我们的梦想"。

58 红色星期一

一、育人理念

校园里的舞台不仅仅是个别学生施展才华的平台要让每一个学生都能站在舞台最中央。学校将每周一的晨会变成每一个学生的舞台，充分发掘、挖掘个体的优点和特长，让每一个学生都能在三年的胜蓝时光中向上生长。

二、背景意义

学校党支部联合团委、大队部，根植红色基因、红色教育，组织开展"红色星期一"项目活动。"红色星期一"是每周一晨会时间组织学生以各班级（中队）为单位进行集体展示的平台。2021 年 3 月，学校开启以"一颗红心永向党"为主题的"红色星期一"。起初以党史学习为主要内容，全校师生在生动形象的演绎中重温中国共产党的历史事件，进而逐步拓展主题，例如致敬英雄，学会感恩等。"红色星期一"从红色主题着手，学生通过自主学习、合作分工、各展才艺、舞美布置等各个环节的学践结合，以戏剧、舞蹈、歌唱、朗诵等丰富的形式呈现主题教育。

三、实践做法

"红色星期一"以班级集体晨会展示为载体，分为以下几大主题板块。

（一）学习党史·颂党恩

2021 年，恰逢建党 100 周年。"红色星期一"是学生学习党史的展示窗口。

各班级以中国共产党党史、新中国史、改革开放史、社会主义发展史为时间轴，以标志性事件或人物为窗口，通过主题班会、板报、诗词朗诵、唱红歌、课本剧等各种形式来展现当时历史。从《红船，从南湖启航》到《唱"东方之珠"，庆香港回归》（具体安排见下表），全校师生在生动形象的演绎中重温历史事件，知党史，感党恩，立鸿志，誓报国。

日期	主题
2021-03-22	一颗红心永向党
2021-03-29	红船，从南湖启航
2021-04-06	黄洋界保卫战
2021-04-12	风雨长征路
2021-04-19	忆重大战役，承革命精神
2021-04-26	重温抗战历史，传承伟大精神
2021-05-10	重庆谈判　悟和平之重
2021-05-24	历解放战争　承革命精神
2021-09-23	一星翔宇追空月，两弹飞光映晓阳
2021-09-26	沐改革春风，圆复兴之梦
2021-05-31	新中国成立了！
2021-10-11	忆澳门回归，谱七子之歌
2021-11-08	艰苦奋斗——南泥湾精神
2021-12-06	唱"东方之珠"，庆香港回归
2022-03-21	吟诗赠英雄，颂歌赞孤勇

（二）致敬英雄·续华章

"红色星期一"是学生致敬英雄的展示窗口。英雄出于平凡而激励着平凡。不论出身如何、成就大小，他们勇于承担，以一腔赤忱为祖国与人民贡献力量。他们中有生于战火硝烟年代的战士，有为祖国发展殚精竭虑的科学家，有疫情中的逆行者，有来自平凡岗位的奉献者。学生通过晨会展示称颂英雄、感恩和致敬伟人，是赞美人性之光的闪耀，是致敬热爱与责任的坚守，也是树立追随的目标（具体安排见下表）。

日期	主题
2021-10-25	忆袁老生平事，守禾下乘凉梦
2021-11-23	向获得中国首个诺贝尔奖的屠呦呦致敬
2021-12-27	辉煌事业中的"无名英雄"
2022-01-04	向逆行者致敬
2022-02-28	读雷锋故事，学雷锋精神
2022-04-11	世界卫生日·创无疫校园——致敬！战"疫"中了不起的老师们
2022-09-26	山火无情，人间有爱——致敬重庆救火英雄
2022-10-10	奔跑的青春，如星河般闪耀
2022-10-24	五年归国路，十年两弹成——缅怀中国航天之父钱学森
2022-11-07	大山深处的"守梦人"——向刘秀祥先生致敬！
2022-11-14	铁肩担道义，精神启后人
2022-11-28	坚定信仰，脚踏实地
2022-12-12	弘扬白求恩精神，致敬白衣战士
2023-02-13	"志"敬最美，志愿同行
2023-02-28	一颗红心向太阳
2023-03-06	齐诵满江红，传承报国志

（三）向上生长·致青春

"红色星期一"是学生展示自我的窗口。学生着眼未来、光照现实。通过班级展示，学生们更加尚德明责，笃学强能，不负青春，向上生长，成为自律、自主、自信的亲青胜蓝学子（具体安排见下表）。

日期	主题
2021-10-18	国旗教育：五星红旗，我们都是您的护旗手！
2021-11-02	星辰大海——航天梦
2022-02-21	团结拼搏，一起向未来
2022-03-07	春风十里，不及一抹绿意

日期	主题
2022-03-14	我们的射击，我们的荣耀
2022-03-28	守护空中精灵
2022-05-16	读经典，闻书香，润人生
2022-05-23	喜迎亚运，相约杭州
2022-05-30	端午祭英魂，诗词颂祖国
2022-06-06	科技兴国，一起点亮未来
2022-09-19	咏师恩之诗　扬清新之风
2022-11-21	心怀感恩，向上生长
2023-03-13	守消费者之意，保护人民之利
2023-04-03	追忆清明，缅怀先烈，憧憬未来

（四）把红色唱进心里

"红色星期一"也是学生歌唱信仰的窗口。红歌是在中国革命、建设和改革开放各个时期所产生和流传的主旋律经典歌曲。通过重温经典、歌唱红歌，引导青少年树立正确的世界观、人生观、价值观，让学生在追忆往昔的同时，受到感染和教育，从红歌中汲取丰厚的精神力量，形成高尚的道德品质，并产生巨大的行动力量（具体安排见下表）。

日期	晨会主题
2023-09-11	国际歌
2023-09-18	八月桂花遍地开
2023-09-25	毛委员和我们在一起
2023-10-09	没有共产党，就没有新中国
2023-10-16	三大纪律八项注意
2023-10-23	毕业歌
2023-11-06	十送红军
2023-11-13	义勇军进行曲
2023-11-20	长城谣
2023-11-27	游击队歌
2023-12-04	军民大生产

续表

日期	晨会主题
2023-12-11	保卫黄河
2023-12-25	团结就是力量
2024-01-02	歌唱二小放牛郎
2024-01-08	红梅赞
2024-01-15	东方红

四、特色成效

　　"红色星期一"德育活动以晨会展示为抓手，既是班级风采的集中展示，也是一种通过实践来实现的理想、信念、价值观教育。运用青少年喜闻乐见的方式，发挥少先队员的主体性，通过对每一主题的自编、自导、自演，帮助学生全面了解、正确认识党的光荣历史、伟大成就、宝贵经验、革命传统和优良作风，致敬革命先烈和英雄，展示青春风采，突出实践育人特色。

59 丹青之声

一、育人理念

校园广播站是学校工作和校园文化的宣传窗口，是学校德育工作的一个重要阵地，是学校少先队大队部主办的一个宣传阵地，是对学生进行思想道德教育的有效途径。通过传播知识，讴歌积极向上的人和事，丰富、活跃同学们的课余生活，反映蓬勃向上的校园新风，全面提高学生素质，建立健康活泼的校园文化氛围。

二、背景意义

为丰富校园文化生活，品阅文学、艺术之美，共析时政新闻，关注校事、国事、天下事，架设师生、生生、家校之间的空中沟通桥梁，表达爱，赏读真，宣传美，弘扬社会主义核心价值观主旋律，唱响德智体美劳"五育并举"主题曲，学校推出落实"吾育·吾秀"德育品牌的平台——"青青驿站"校园广播工作站。"青青驿站"校园广播，传播红色廉洁文化知识，传授专业知识和技能，培养学生的审美情趣和能力，并潜移默化地给学生以某种思想观念的教化。"丹青之声"是"青青驿站"广播站中开展红色主题、清廉文化的系列栏目，通过广播宣讲、校园文化上墙、线上公众号推送等多途径，讲述历代名人的清廉故事，颂扬清正廉洁、秉公用权的精神以及党的历史进程，宣扬爱国主义精神。

三、实践做法

活动一：校内广播宣讲

广播站的工作需要提前部署，以保证播报内容质量和相关人员及时安排就位。所以在稿件播出之前，需要相应部门的同学对稿件进行审核整理，筛选文笔较好、语句通顺、质量优秀的文稿，并做好登记工作。接着，将稿件分发至相应播报员处，提前熟悉文稿，以保证播报质量，做到口齿清晰、声音响亮。播报员们可借由这样的平台，锻炼自己的口才并克服公开表达时的心理紧张等困难，也能进一步了解自己的问题，做出之后工作中所需的规划和准备。

活动二：校园文化上墙

校园文化墙浓缩学校办学思想，展现师生们的精彩瞬间，它是学校育人的阵地，是师生展示自我的舞台。为能使清正廉洁之风、红色血脉之气浸润校园，营造良好的校园育人环境，学校以校园文化墙建设为载体，将"丹青之声"中的清廉教育与爱国教育等中华优秀文化"搬上"校园文化墙，让广大师生在耳濡目染中接受文明道德的洗礼。文化上墙由于其内容的严肃性，需翻阅可靠资料，认真校对，斟酌修改之后确定是否适合，并进行分类整理。随后设计上墙形状，突出标题等显眼内容，使版面美观整洁、一目了然。接着确定张贴地点和范围，采购相应材料，安装宣传资料。同学们在校园中学习、生活，便能在潜移默化中学习清廉文化和爱国文化，陶冶身心，崇尚勇毅，养成良好习惯和品质。

活动三：线上公众号推送

微信公众号拥有用户量大、传播速率快、形式多样的特点，是目前互联网环境下最合适的工作方式，也是提高档案宣传有效性的最主要途径。学校充分利用公众号容易传播、便捷阅读的特点，将"丹青之声"这档广播内容多途径输出传播。由于其受众面广，仍需仔细审阅输出内容，确认无误后，对接相应朗读员，在课余时间熟悉文稿内容并录制音频上交。另外，还需提供朗读员个人简介等相关资料，在公众号同时推出。这样不仅能做到文化的传播，也能给学生们提供展示自我的平台，相辅相成，促成良性发展。

四、特色成效

"丹青之声"系列活动以广播站为轴心展开，充分给予学生展示平台和机会，不仅在各个环节中有充分且严格的内容把关，在后期各项活动中也多途径展示，使同学和老师浸润在浓郁的校园文化中。全面培养学生的综合素质，优化育人环境，也在促进学校改革、发展与稳定方面起到了非常重要的作用。相信在这样的文化育人环境中，胜蓝的学子们定能带着"胜"的信念在"蓝"天下奔跑！

60 重走长征路，奔跑在胜蓝

一、育人理念

让党史走进课堂，思政教育融入校园。学校以核心素养为导向，结合党史，在校园生活中开设红色思政课程，以培养学生的个人修养、家国情怀等核心素养，让胜蓝学子成为自律、自主、自信的新时代少年。

二、背景意义

红军长征是一场自然环境最恶劣、物质补给最差、人为制造障碍最多，但最团结，意志最坚强，挑战人类极限的"东方马拉松"。思政课的意义就是通过价值引领、润物无声，深耕厚植、绵绵用力，真正实现培根铸魂、启智润心的教育目的，为党育人，为国育才。长征精神是中国共产党精神谱系中的重要内容，我们要让学生在校园课程与活动中学习、感受、实践长征精神。为弘扬长征精神、展现青春风采，学校全体师生开展了"重走长征路，奔跑在胜蓝"主题活动。该活动以教师引导学生学习长征的路线过程，了解长征中的英雄人物的故事为基础，开展了"教师带头引领，学生共同奔跑"的"重走长征路"的主题活动，让红色思政教育真正走进校园与学生生活，使学生的价值观、核心素养和家国情怀在润物无声中形成与确立。

三、实践做法

（一）学习长征精神

活动开始，全校师生在操场集合。在国旗下，教师代表与学生代表高举长征路线图，全体师生一起回顾红色长征记忆：二万五千里长征的过程、路线与长征精神。紧接着，学生代表宣读"重走长征路，奔跑在胜蓝"的活动倡议书并带领全体学生宣誓，在新时代继续发扬长征精神。

（二）启动长征路线

宣誓后，"重走长征路"活动启动。校长在队伍最前端挥舞长征旗帜，全体教师身穿校服整齐排列，准备出发。同时，各班学生代表一一来到国旗下主席台前，将印有班旗的贴纸贴在了长征的起点（瑞金），预示着"重走长征路"的开始。其后，各班学生代表站在队伍最前列，挥舞着班旗，全体师生准备就绪。

（三）合力奔跑长征

在"重走长征路"活动中，全校师生1021人，将以跑操的形式，一起合力重走长征路，合计跑完"两万五千里"。随着节奏鲜明、欢快的跑操音乐响起，各班及教师方阵在旗手的带领下，迈出了整齐而又坚定的步伐。整齐的脚步声在校园上空回荡着，每一个整齐划一的步伐、每一个朝气蓬勃的身影都让整个校园洋溢着满满的活力，展示着胜蓝师生良好的风貌和积极向上的姿态。

四、特色成效

红色思政课程教育是落实立德树人根本任务的关键课程，只有源于学生真实生活的教育活动才能润物无声地触及心灵。本次活动的设计与实施，以师生回忆长征路线与长征精神作为知识铺垫，牢记党史知识。同时，为了让学生在实践中加深对长征精神的理解，活动让学生通过跑步的形式重走长征路，切实感受长征过程中英雄先烈的决心与艰苦奋斗精神，在全体师生跑步接力与合作中感受团结一致的集体主义精神。通过此次重走长征路的活动，学生们不仅了解了长征的知识，更加强了对长征精神的理解，铭记先人的艰辛与伟大。同时，弘扬长征精神也是为了着眼于现在、展望于未来，通过"重走长征路"培养学生不屈不挠、迎难而上的奋斗精神，使学生们脚踏实地，走好新时代的长征路。

61 九年级励志登高行动

一、育人理念

教育不是"注满一桶水"，而是"点燃一把火"。注满一桶水，就像填鸭式的教育方式，就算水桶满了，那也还是一桶水，没有什么质的飞跃。而"点燃一把火"，可以调动学生学习的积极性，激发他们的学习兴趣，火越烧越旺，形成燎原之势。在教育过程中，应该时时"点燃一把火"，调动学生的积极性。

二、背景意义

九年级学生面对中考压力，容易产生紧张焦虑情绪。如何看待和释放升学压力，缓解情绪是九年级学生需要学会的重要品格。九年级学生思维发展已进入抽象概括思维阶段，但分析问题和解决问题的能力还不足，处理问题的方式相对单一，遇到压力事件情绪波动较大。学校开展励志登高活动，激励同学们用自己的毅力和汗水登上山顶，做一个真正的永不言弃的登山者；鼓励学生在生活中无畏困难、努力前行。

三、实践做法

（一）心怀梦想，鼓舞动员

在半山国家森林公园的山门前，年级组长、副校长等进行毅行登高动员讲话。老师们从多个角度鼓励九年级学子，嘱咐他们在登山活动中做到有序、文明、安全，做一个讲文明、有素养的中学生，做一个不轻言放弃、努力登顶的拼搏者。无论是安全文明教育还是励志动员，对同学们来说，登山活动已经不仅是一种情感的体验，更是战胜过去的自己的体现，只要坚持不懈，一定可以登上最高峰。

（二）师生同行，勇攀高峰

老师陪伴同学们一起毅行登高，不断激励同学们，并为同学们送上关怀。曲折的山路，同学们拾级而上，迈出坚实的每一步。累了渴了想歇一歇的时候，是同伴的加油鼓劲让他们奋勇向前；脚酸腰疼想停一停的时候，是老师的勉励支持让他们韧劲十足，即使气喘吁吁、满头大汗，依然坚持不放弃，紧紧跟随大部队的步伐，成功到达山顶。

（三）顶峰相见，励志宣誓

成功登顶后，召开隆重的年级大会，同学们通过呐喊，释放心中的压力；同唱一首歌曲，点燃热情，振奋人心；聆听一次演讲，感受青春的活力，坚定为理想奋斗的决心。各班同学也会在班主任的领誓下，重温班级誓词。铮铮誓词，既让同学们找到了努力学习的初心，也鼓舞着同学们向上、向前奋发。

（四）颁发证书，领取奖励

最隆重和激动人心的是校长为登顶成功的老师、同学们颁发登顶证书和奖励，自信卡、棒棒糖都在称赞老师和同学们的团结向上和坚持不懈。

（五）校长讲话，笃志前行

校长首先恭喜同学们成功登顶，为大家点赞，也感谢老师们的陪伴。然后，告诉同学们，要"坚定信念"，信念是成功的基石；要"坚持作为"，同学们在学习的过程中也要拿出坚持不懈、敢于克服困难的精神；要"坚守互助"，同学们在前行的路上要学会向父母、老师和同伴汲取力量，向着心中的山峰，勇往直前！同时，还从体会峰之意、感悟峰之险、领航峰之青三方面亲切地鼓励九年级学子，希望同学们能坚定中考目标，直面中考挑战，超越自我，坚持不懈，勇往直前，为心中的理想而奋斗，带着胜的信念在蓝天下奔跑。

四、特色成效

九年级师生励志登高活动，在每年秋高气爽时举行。九年级师生在这样的登高毅行活动中，坚定信念，坚持作为，坚守互助，培养坚持不懈的精神品质的同时，释放中考压力，激发学习动力。简单的活动可以为学生的初中生活点燃一把火，形成燎原之势。同学们通过这样的励志登高活动，不仅感悟到要做一个真正的永不言弃的登山者，也学会在学习和生活中不畏困难，努力前行。

校长给登顶成功师生的勉励：

登上自己的"顶"

大家上午好！

首先，恭喜同学们成功爬上了山顶，成功挑战了一座小山峰。

感谢今天所有陪同大家一起登山的老师们。同学们，在未来的日子里，我将和老师们一起陪伴在大家的身边们，陪着你们一起拼搏，一起前行。

感谢今天所有参加登山的同学，看到你们满头大汗、气喘吁吁，但还在坚持，还在努力。这份"小欢喜"，值得我们永远铭记。你们就和手中的棒棒糖一样棒。

同学们，"会当凌绝顶，一览众山小"，登山如此，学习也是如此。步入九年级后，大家的学习任务重了、压力大了，但我惊喜地发现：你们都能很好地面对压力、迎难而上。同学们，希望大家怀揣梦想，保持初心，直面内心的"顶"，正视困难的"顶"，解决学习的"顶"，勇攀人生的"顶"。

一是内心的"顶"。它在于，你想成为怎样的人、你的目标在哪里、你奋斗的动力是什么。只有明确了内心的"顶"，你们的付出才有冲出去的"气"。这是一种底气，是一种勇气，更是一种正气，最后将成为你们的"运气"。

二是困难的"顶"。一切困难都是纸老虎，我们不要逃避、不要退缩，要勇敢地跨过去，就像今天的山峰一样，登上"顶"，去迎接更美好的明天。

三是学习的"顶"。同学们，"学无止境"，活到老，学到老。我们要保持学习习惯，学习知识、学习技术、学习做人。多少年过后，当你们驻足回首时会发现：学习助你们登上了一个又一个高峰，阅览了一次又一次胜景。

四是人生的"顶"。同学们，我身后这个楼叫"望宸阁"，大家可以上去感受一下"登高望远"的气势，"望宸阁"的第五层是绝佳的观景点，往南由近及远，能看到几乎整个杭州城。"登顶"两个字说出来很容易，但我知道，这需要多少个奋斗的日日夜夜啊！爬上去、走上去、跨上去、跑上去、登上去！唯有保持动力，才能登顶；登上一个个顶，才能搭建人生之顶。

最后，（让我们一起拿起手中的可乐，干杯，祝大家百事可乐）祝大家在今后的学习中都能像今天一样，勇于攀登，敢于登顶。"望宸"谐音"望成"，希望同学们心想事成、学有所成！

62 主题班会课赛课记

一、育人理念

　　班会课是落实立德树人根本任务的关键课程，肩负着"给学生心灵埋下真善美的种子，引导学生扣好人生第一粒扣子"的重大使命，旨在提升初中生思想政治素质、道德修养、法治素养和人格修养等，增强初中生做人的志气、骨气、底气，为培养以实现中华民族伟大复兴为己任的有理想、有本领、有担当的时代新人打下牢固的思想根基。作为班主任，应坚定政治信仰、讲好中国故事、创设教学情境，从而优化教育教学，铸魂育人，立德树人，培养学生成为担当民族复兴大任的时代新人。

二、背景意义

　　我们党立志于中华民族千秋伟业，必须培养一代又一代拥护中国共产党领导和我国社会主义制度、立志为中国特色社会主义事业奋斗终身的有用人才。这就要求我们教师把下一代教育好、培养好，从学校抓起、从娃娃抓起。学校开展"承百年薪火，筑少年之梦"的主题班会大赛，11位老师参赛，针对班级实际情况和学生的年龄特点，精心准备各具特色的班会课，每堂课铭历史、看今朝、梦未来，同时也展现了学校"青出于蓝而胜于蓝"的精神风貌。

三、实践做法

（一）多维度分析，精准定位教学目标

"师者，所以传道授业解惑也。"为呈现精彩课堂，班主任们精心准备、细致筹划，反复研究建党精神相关视频，反复切磋，反复试讲，打磨课堂语言，创新教学模式，充分研课。参赛的 11 位班主任以思想育人，用坚定的信仰和深厚的情怀做学生思想的引领者。

（二）多样化选择，精准契合教学方法

创设教学情境，巧用教学方式方法。主题班会课的本质是讲道理、夯实必备知识基础，老师们以党的革命事业为载体，指明中国特色社会主义道路的先进性。引导学生在探索百年历史中生成知识，从而引导学生在完成班会课的学习过程中整合碎片的、零散的知识，有效引领思维活动的方向。

（三）多元化考虑，精准带动学生感悟

班主任们根据一个小问题设置一个情境，例如习近平总书记指出："中国共产党为什么能，中国特色社会主义为什么好，归根到底是马克思主义行，是中国化时代化的马克思主义行。"[①]根据以上材料，分析马克思主义行的原因有哪些。由此，老师们在实际教学中，通过这三大探究任务架设学科知识与情境的桥梁，建构起"为什么要—为什么能—为什么行"的递进式高阶思维链条，让学生身临其境，辅以体验式学习方法，思考少年之重任，启发学生学习党员先锋的英雄品质，将个人情怀上升至家国情怀，争做逐梦少年。

四、特色成效

教育是培养人的事业，主题教育帮助学生从自然人成长为社会人，进而在生命、心理、伦理、审美等维度上成为自由全面发展的人。教师不应该成为一

---

① 习近平：《不断深化对党的理论创新的规律性认识　在新时代新征程上取得更为丰硕的理论创新成果》，《人民日报》2023 年 7 月 2 日第 1 版。

个"两脚书橱"，要思考怎样培养学生的思维能力，怎样引领学生进行深度爱党爱国学习，如何在专业授课中发挥主题班会课的价值教育功能。而本次主题班会课赛课的举办，不仅让各位老师深刻体会到了优秀的中国人民如何克服困难、实现中国梦，也让学生坚定了向优秀前辈学习的决心。

"化理论为方法，化理论为德性"，知识的讲授、能力的养成，需要学生有自己的领悟，在头脑中建构起知识的框架系统，真正成为属于自己的知识。这是帮助学生拣选、形成自己观点的重要过程。通过这个过程的体验，学生掌握了获得正确价值观的能力，也为今后自己拣选、比较、鉴别各种信息打下基础，终身受益。

63 呵护成长，"青"心相融

一、育人理念

　　心理健康周系列活动是提升学生心理素质，培养乐观向上心理品质的重要活动。学生能在一系列丰富的活动中学习心理健康知识和调节方法，营造阳光健康的校园氛围，改善学生的精神面貌。教师以发展性心理健康教育与积极心理学理念为主导，通过围绕主题开展形式多样、参与面广的心理健康教育活动，让学生学习并运用心理知识来提升对自己和他人心理健康的关注，激发学生的心理潜能，从而促进学校心理健康教育的和谐发展。

二、背景意义

　　《中小学心理健康教育指导纲要（2023 年修订）》提出"心理健康教育的具体目标是使学生学会学习和生活，正确认识自己，提高自主自助和自我教育力量，增加调控心情、承受挫折、适应环境的力量"。这就要求学校本着以学生发展为前提，宣传普及心理健康知识，引导学生正确面对并解决学习生活上的问题；开展预防性和发展性的心理健康教育活动，培养积极心理、促进心智成熟。学校每学期开展"青心相融"心理健康周活动，有"守护天使·伴你成长""禅绕绘画·头脑瑜伽""时间胶囊·心灵慢递""'和谐心灵·阳光人生'心理健康小报""'喜迎亚运·青心相融'黑板报""'心晴日'趣味心理游戏"等活动。

三、实践做法

活动一：守护天使·伴你成长

为了让学生们更加团结友爱，学校以班级为单位组织"成为你的守护天使"活动。同学们通过抽签确定自己将要守护的天使，并且在接下来的一周制订合适的守护计划，用爱默默地关心他，做一名"佚名天使"。比如帮他答疑解惑、倒一杯水、陪他聊聊天等，在守护与被守护的过程中，班级就会形成一条"爱之链"，氛围也会愈加融洽。班会课上同学们分享自己的"守护备忘录"和感受，并且向自己的守护天使表示感谢。

活动二：禅绕绘画·头脑瑜伽

禅绕画以绘画的形式，帮助学生减轻压力，放松身心，所以还被称为"头脑瑜伽"。它注重画的过程，每天只需要 15 分钟，人脑就会很容易进入冥想状态，逐渐达到深度的专注，在一笔一画中，提高专注力。班会课上，同学们在轻柔的音乐伴奏下，耐心地把简单元素重复、填充，最终绘出一幅幅美丽的画作。

活动三：时间胶囊·心灵慢递

如果可以跨越时空，你会对未来的自己说些什么呢？"时间胶囊"活动以"邂逅未来"为主题，通过给一年后的自己写一封信的形式，让同学们写出对初中阶段学习、生活、交友等方面的期许。借此帮助大家谨记自己的目标，从而更明确、更有效地规划学习、生活，坚定不移地朝着自己的理想迈进。

活动四："和谐心灵·阳光人生"心理健康小报

围绕心理健康知识学习，七、八年级开展"和谐心灵，阳光人生"为主题的心理健康小报评比。同学们围绕着健全和谐的人格塑造、生命感悟、挫折承受与应对、网络成瘾的自我调适、人际关系（亲子、同伴、师生等）心理、情绪识别与调适、常见心理现象小知识等一个或多个方面，小组合作绘制小报。在小组合作的过程中，同学们既可以了解心理学基本知识及心理调节方法，又可以发挥团队力量，建设班级与校园文化，营造浓郁的心理健康教育氛围。之后，由校领导、学生处、团委和心理健康老师组成的评委团，围绕版面设计、内容选材、色彩搭配等方面对心理健康小报进行评比，并在校园内展出。

活动五："喜迎亚运·青心相融"黑板报

班级黑板报是重要的宣传园地，是和谐校园、温馨教室建设中的一道靓丽风景线。学校心理活动周各班以"喜迎亚运，青心相融"为主题制作黑板报，将心理健康知识融入学生日常生活中。该活动受到全校师生的重视，各班制作了符合主题的黑板报，形式多样、内容丰富，起到了良好的宣传效果。

活动六："心晴日"趣味心理游戏

作为心理周的重点项目，我们开展"心晴日"趣味心理游戏活动。该活动面向八年级学生，由班级组队参加，意在引导学生通过参与心理小游戏，调节情绪，改善心情，释放压力，散尽心霾，积极向上。本次活动包括玩转不NG、智翻桌布、手足情深、阿拉伯飞毯和杯子运球五个趣味小游戏。现场气氛热烈，同学们尽情地玩着游戏、释放压力，场地上充满了欢声笑语。通过这次活动，同学们在游戏中体验乐趣，学会放松，拥有一个健康积极的生活心态，远离不良情绪，对每一天都充满期待。

四、特色成效

心理健康周系列活动以学校和班级为单位开展，充分考虑学生身心发展特点，不仅在前期有充分的计划与铺垫，而且在后期有丰富的展示与评价活动，有计划有方法，深受学生喜爱。心理活动周的出发点是希望同学们能够多学习心理健康知识，树立心理健康意识，了解简单的调节方法，从而更好地适应环境，客观评价自己，积极与同学、老师和家长有效沟通，以更加积极的心态去面对学习和生活，快乐学习、快乐生活、快乐成长。

64 "青"听你心，"云"上守护

一、育人理念

心理调适是学生面对生活作息、学习方式和人际环境发生改变时，积极主动调整自己的心态，减少负面影响的能力。为了及时疏导、缓解师生的不良情绪，学校准备形式多样、参与面广的线上+线下心理调适活动，增强学生的心理韧性，从而促进校园心理健康教育的和谐发展。

二、背景意义

青少年的心理问题越来越受到关注，心理健康教育也随之受到了重视。德育即政治、思想、道德与心理健康教育。为更好地贯彻和开展这项工作，引导学生发展出适应生活和调节心理的能力，构建温馨和谐的校园氛围，学校启动了"青听你心"相关活动。

三、实践做法

活动一："拥抱变化·一起成长"专题讲座

学校开设了一系列"拥抱变化，一起成长"的线上+线下的专题心理课程，引导大家积极地调适心理，适应环境的变化，并以最佳的状态迎接后续线上学习。心理老师结合社会形势，首先为同学们解读"不确定性在身边"的心理认知，让同学们对瞬息万变的变化有一定的准备。随后，老师围绕"如何将不确定性带来的压力转化为动力"这一线索，从合理认知、情绪调适和积极心理暗示三个方面为同学们进行详细的讲解。老师们还为同学们献上一些积极心理调适的锦囊妙计：简洁有力、积极肯定、目标可行、配合想象和多次重复等技巧，让同学们能够精准地、切实可行地调节自己的情绪。同学们能运用这些知识，积极地应对新冠疫情带来的变化，化压力为动力，将认知、情感与意志相结合，拥抱未来的不确定性。

活动二：云上谈话课

考虑到新冠疫情对学生的心理影响，学校特开展"云上谈话课"。同学们在课上可以展示才艺秀、点歌、分享幽默小故事等，在互相交流的轻松愉悦的氛围中，畅快心情。各班级策划形式多样的活动，如"关爱计划""快问快答""唱歌接龙""生日会"等，让同学们透过屏幕感受到集体的温暖。

活动三：心理调适指南

寒假期间，同学们不仅要做好身体的防护，更要关注心理的健康。为了让大家的假期过得健康、充实和快乐，也为了改善亲子关系，学校为学生和家长制定了一份心理调适指南。同学们可以提前制订一份寒假计划，确定好起床、睡觉、三餐、学习、娱乐、运动的时间，让自己继续有规律地度过假期生活，避免无所适从，做到心中有数；通过写日记、做家务、听音乐、做运动、向信任的人倾诉心事、做一些自己感兴趣的事等，调整情绪、放松心情；通过运动提升多巴胺的分泌，不仅可以强身健体，还可以缓解焦虑情绪；珍惜陪伴亲人的时光，积极学习和探索与父母相处的方式。家长则需要以宽容、开放的姿态和孩子进行沟通，使用正面语言，明确指令内容，构建积极的亲子关系；及时觉察孩子情绪的变化，做一些积极的调整，当孩子情绪激动时，家长要允许孩子宣泄情绪，做到陪伴、倾听、理解孩子；教育适度、有方，做到以身作则。

四、特色成效

新冠疫情期间，学生居家学习，出现生理、情绪和行为上的变化是正常且普遍的，我们无需否定自己或过度自责，只要及时做好生活作息调整和心理调适，就能顺利适应新冠疫情带来的心理不适。学校"青听你心"心理活动引导学生积极面对未知，做好心理准备，适应变化，化压力为动力，将认知、情感与意志相结合，拥抱未来的不确定性。

65 九年级迎考心理疏导活动

一、育人理念

为帮助九年级同学缓解备考的心理压力、舒缓情绪、放松心情，让同学们能以积极乐观的心态和科学有效的方式应对挑战和困难，学校贯彻"自律、自主、自信"的心育理念，让每一个胜蓝学子站在"舞台"的最中央，开展"互动讲座＋团体辅导"等形式多样的减压活动。让学生学习并运用心理知识来缓解考试焦虑和心理压力，激发学生的心理潜能，促进校园心理健康教育的和谐发展。

二、背景意义

《中小学心理健康教育指导纲要（2023 年修订）》提出"初中高段的心理健康教育目标是帮助学生加强自我认识，把握升学选择的方向，培育应对失败和挫折的力量"。这就说明九年级学生不仅要"知新"，还要"温故"，学习任务艰巨，同时，他们还面临升学的挑战、社会的挑战。在这即将收获的一年中，家长、老师、社会对他们的期盼也更高，学生常常出现对自己学习成绩失望、对前程过分忧虑等心理状况，主要表现为情绪低落、暴躁易怒、紧张孤僻、沉默寡言等，并常有痛苦想法，对现在与将来持一种消极的态度。因此，学校开展"一个充满＿＿＿＿＿＿＿的未来！"系列讲座、"踏步逐梦，决胜未来"特色团建活动、"为心赋能，从容应考"专题讲座、"张弛有度，筑梦未来"心理拓展活动等九年级学生心理疏导活动，让学生在紧张的九年级生活中缓解学习压力，放松心情，体味春日的诸多乐趣。

三、实践做法

活动一："一个充满＿＿＿＿＿＿＿的未来！"系列讲座

心理老师开展主题为"一个充满＿＿＿＿＿＿＿的未来！"的系列讲座，通过一个个案例为同学们带来专业的解析，让同学们深刻体会到心理学其实就在我们的身边，学会一点心理学对我们的学习、生活都会有很大的帮助。通过一个个师生小互动，激发同学们积极思考、勇于表达的精神；同时，在讲座中穿插放松训练，让同学们在不知不觉中感受心理学的魅力。

活动二："踏步逐梦，决胜未来"特色团建活动

各班级组队参加"踏步逐梦，决胜未来"特色团建活动，鼓励每位同学积极参与。通过极具特色的心理游戏，引导学生调节情绪，释放压力，改善心情，降低焦虑。该活动包括心有灵犀、智翻桌布、阿拉伯飞毯、鼓动人心和不倒森林五个趣味游戏。学生们在游戏过程中互相帮助鼓励、商量制胜对策，在游戏中体验快乐，学会放松，对塑造健康积极的心态非常有益。

活动三："为心赋能，从容应考"专题讲座

为缓解九年级学生考前焦虑的情绪，进一步激发同学们迎接挑战、克服困难和自我激励的积极心态，心理老师积极开展"为心赋能，从容应考"专题讲座。针对考前学生心情复杂和考生普遍存在的困惑，老师从心理学的角度切入，引导学生正确认识中考、了解焦虑来源，保持良好心态。考试前的紧张是不可避免的，适当的焦虑有助于在考试中激发潜能。此外，老师还结合个案和实际经验，详细介绍了一系列缓解焦虑、放松心情的小技巧：绘制"爬山图"，将抽象的焦虑情绪具体化，保持适度的动机水平；改变不合理认知，为自己设定切实可行的目标；手指放松操；渐进式肌肉放松训练；制定自己的备考清单等。

活动四："张弛有度，筑梦未来"心理拓展活动

在紧张的九年级学习生活中，为了让学生们缓解学习压力、放松心情，九年级开展以"张弛有度，筑梦未来"为主题的学生心理拓展活动，让九年级学生沉浸于胜蓝美好春光的同时，也体味到春日的诸多乐趣。本次活动包括力争上游、手足情深、奇"撕"妙想、步步高升和同心同行五个趣味游戏。在完成所有游戏打卡，获得 5 枚奖章后，同学们到兑奖处领取老师们精心准备的奖品——红红火火、心想事"橙"、"苹"步青云，这些奖品饱含着学校对全体九年级学生的殷切期望，希望他们在日后的学习生活中带着老师们的祝愿砥砺前行，旗开得胜。

四、特色成效

九年级心理疏导系列活动以学校和班级为单位开展，充分考虑学生实际需要和身心发展特点，不仅在前期有充分的计划，而且后期有丰富的展示，深受学生喜爱。考前心理疏导的出发点是希望同学们能够缓解焦虑情绪，进一步激发同学们迎接挑战、克服困难和自我激励的积极心态。通过以上活动，同学们认识到，中考不是人生的终点，学会从心态上超越结果、从行为上专注过程，牢记"努力奋斗过程中的充实感"是最宝贵的经历，在之后的中考及人生道路上创造属于自己的一抹精彩。

66

青·创工坊

基于校训"青出于蓝而胜于蓝",其中,"青"代表学校学生;"青"又谐音"亲","青·创工坊"课程特指学生亲自参与创作,亲历文创设计实践的课程。

一、课程背景

近年来,学校坚持"让每一个生命向上生长"的办学理念,着力培养具有校本核心素养的自律、自主、自信的"亲青"胜蓝学子。基于学校的校训——"青出于蓝而胜于蓝",其中,"青"代表学生,"蓝"代表教师。学校精心构建"青悦"拓展性课程,满足学生多元发展需求。"青·创工坊"属于课程之一。

"青·创工坊"课程以"文创"为载体,立足校园文化生活,基于"青"的日常观察、学科学习、生活经验、喜好认知,以文创设计任务为驱动,激发学生美术学习的兴趣,运用所学知识和技能,将创意转化为具体成果,引导学生探究协作,创作实践,通过多元展示、分享和交流,获得完整的美术体验。在学校积极推进"五育并举"的背景下,本课程遵循美育的基本理念,立足学生素养发展,组织和引导学生通过设计"校园文创"参与校园文化建设,培养学生跨学科思维、学习迁移能力,提升艺术创新、综合探索和实际应用的能力,提高学生的审美趣味和个性特长,发展内在美学涵养,促进学生个体的向上生长,实现以美育人。

二、课程目标

1.通过学习文创产品设计的相关知识，包括概念、基本特征、基本分类等，初步掌握文创设计的基本知识。

2.通过欣赏文创产品经典案例，了解文创设计的过程，包括精准定位、形象构建、产品设计、推广传播等各环节，初步掌握文创设计的方法、原则和设计步骤并实践运用。

3.积极探究设计与生活的关系，立足校园文化并结合自身生活经验，尝试设计校园文创产品，初步形成创作意识和作品意识。

4.通过分小组头脑风暴、讨论设计、合作探究、协助制作、交流分享，完成设计作品和展示，培养学生创造和创新意识，提高动手制作能力，增强团队合作意识，提升学生的核心素养。

三、课程内容

本课程分为四大单元，共16课时。

单元一："文创综观"。学习文创产品设计相关知识，开启文创探索之旅。通过探究了解和认识文创概念，赏析优秀文创设计案例，揭秘文创设计的步骤和流程，形成对文创产品设计的初印象。

单元二："个性文创"。学习和实践运用各种文创设计方法，尝试用文创表达创意，完成简单文创设计小练习，展示青春风采，张扬个性，如专属明信片、趣味文具类文创、校服饰品类文创。

单元三："校园文创"。立足校园文化，引导学生代入设计师身份，学习和实践运用各种文创设计方法展现校园生活和校园文化，以校园文创为载体呈现自己的创意，如新生录取通知书、学校吉祥物、新年日历、校园导览图等。

单元四："文创展秀"。欣赏国潮风文创。挖掘中国优秀传统文化资源，结合学生自身兴趣，综合运用所学设计方法，探究"非遗+文创"，设计国潮风文创。学习文创成果的空间展陈、策展宣传和对文创产品的评价。"青·创工坊"课程内容如下。

单元	课题	教学目标	教学内容	教学方式	课时
文创综观	文创产品大世界	学习和了解文创产品的相关基础知识，形成对文创产品的初步印象。	1.文创产品、文创产品设计的概念。 2.文创产品的特征。 3.文创产品的常见分类。 4.文创产品设计的构成要素。	科普阅读交流分享	1
	文创巧思大脑洞	欣赏文创产品经典案例，学习文创产品设计的基本原则。	1.博物馆文创产品赏析。 2.生活美学类文创产品赏析。 3.文创产品设计的基本原则。	作品欣赏学习归纳	2
	文创设计小策略	学习和了解文创产品设计的步骤和基本流程。掌握文创产品设计的创意方法和基本思维模式。	1.文创产品设计的基本步骤。 2.文创产品设计前期调研与用户研究的方法。 3.文创产品设计的创意方法。 4.文创设计的效果图表现。	知识讲解探究学习	3
个性文创	私人定制明信片	学习和了解明信片及视觉传达的相关知识，尝试定制明信片传递信息、交流情感。	1.定制明信片相关知识。 2.视觉传达相关知识。 3.明信片的定制设计。	探究学习创意实践	1
	创意有趣的文具	欣赏和学习蕴含趣味性的文创设计方法，尝试设计一件趣味文具类文创产品。	1.文创产品的功能创新方法。 2.仿生设计相关知识。 3."挖掘功能趣味"的设计方法。 4.文具类文创产品的设计。	探究学习创意实践	1
	时尚配件类文创	学习创意时尚型文创产品的特征和设计方法，尝试为自己设计一件饰品或校服。	1.服装设计相关知识。 2.装饰品类文创相关知识。 3.时尚配件类文创产品的设计。	探究学习创意实践	1

续表

单元	课题	教学目标	教学内容	教学方式	课时
校园文创	新生最美伴手礼	校园文创产品赏析。立足校园文化，综合运用所学设计方法，小组合作尝试设计新生录取通知书。	1.高校文创产品赏析。 2.校园文创灵感来源。 3.高校录取通知书赏析。 4.新生文创产品的创意设计。	作品欣赏 合作学习 创意实践	1
	校园形象代言人	学习和了解文创产品的IP形象相关知识，尝试用动漫表现手法设计融合学校特色的吉祥物形象，为校园代言。	1.文创产品中典型的IP视觉形象赏析。 2.博物馆IP形象赏析。 3.学校吉祥物的设计。	探究学习 创意实践	1
	会讲故事的台历	学习"以故事性为主的文创产品设计"方法，小组合作设计学校新年日历。	1.学习"故事性设计"方法。 2.日历类文创产品赏析。 3.学校新年日历设计。	探究学习 合作实践	1
	交互式校园地图	学习和了解以数字化为承载形式的文创产品设计，体会科技融合文创，赋能体验，尝试合作完成具有交互性的校园地图。	1.数字化文创产品赏析。 2.跨学科学习多媒体技术。 3.交互式校园地图设计。	探究学习 合作实践	1
文创展秀	文创中的国潮风	赏析国潮风文创产品，尝试将文创与非遗跨界融合，设计一件国潮风文创产品。	1."国潮文创"赏析。 2.非遗项目探访。 3."非遗+X"国潮风文创设计。	学习欣赏 交流分享 非遗探访 创意实践	1
	文创成果的展秀	学习文创产品的版面设计、空间展陈、营销策展和文创产品的评价的相关知识。	1.文创成果的版面设计。 2.文创成果的空间展陈。 3.文创产品营销策展。 4.文创产品的评价。	探究学习 交流分享 实践布展	2

四、课程实施

（一）课程资源

1.自主研发：教学材料汇编、教学PPT、师生作品等。

2.其他资源：网络资源、中学美术教材、《文创产品设计》、《新时代文创产品设计》、《文创品牌策划与推广》等专业用书。

（二）授课对象

面向七、八年级学生，通过选课平台自主选课。

（三）授课教师

多学科教师合作教学。

（四）课时安排

每学期16课时，每周一节，每课时60分钟。

（五）课程实施

1.学科融合

文创产品是学生学习生活中熟悉、喜爱之物，贴近他们的日常生活。"文创设计"是一门多学科交叉的课程。平面文创设计以视觉传达课程为主导，而立体文创设计和交互性文创则需要音乐、信息技术、劳技、非遗技术等相关课程的知识和技术支持。因此，在课程具体实施过程中，依托校本资源，有效利用、整合各类资源开展课程实践教学。

2.项目化学习

以"文创"为载体，以项目式设计任务为驱动，大大激发学生的创作热情，驱动学生在整个美术活动中投入情感、乐于表达，激活学生的参与性。如"新生最美伴手礼"，学生首先需要寻找展现校园特点的最佳角度，选择合适的描绘表现方式，思考用平面还是立体的方式呈现校园风光；"校园形象代言人"，学生首先需要自主探究学校的精神文化内涵和办学特色，再挖掘可形象化的元素，融合卡通形象设计的表现手法，设计出一个校园吉祥物的形象。课程内容紧密联系学生的学习和生活，让学生围绕情境化主题，像美术师（设计师）一样去思考，注重"做中学""用中学""创中学"，用美术知识和技能富有创意地解决生活中的问题，实现真正的"以学致用，以用致学"。

3. 多元展示

课程创建多元展示平台：如学校的"青秀台"、校园成果发布会（搭设作品展示台，邀请其他同学参与最佳设计奖、最佳作品奖、最佳表现奖等奖项评选）和校园网络平台（微信公众号）等进行文创物化成果展示。各式衍生品，带有校园文化符号的印记在校园里随处可见，陪伴学生成长，使其拥有归属感。例如，定制的台历作为新年礼物，送给全体师生，开启新年的期待；立体录取通知书在每年的迎新仪式上赠与初一新生，成为与学校的最美初见；在可视化、生活化的评价氛围中，学生获得艺术创作的价值和认同感。

四、课程评价

本课程坚持以素养为导向的评价，过程性评价与结果性评价相结合制定评价方案。注重培养学习主体的评价意识，每单元都设置了"雷达图评价体系"供学生自评，关注学生在文创学习过程中兴趣态度、创意思维、探究实践、团队合作、沟通表达等方面的表现。本课程践行多元评价，除了学生自评外，还设置"课程评价表"，由同伴和授课教师评价，以星级形式对学习过程和文创项目进行评价。

课程评价表

评价内容		评价对象	
评价维度	评价指标	同伴评	教师评
文创学习	上课认真听讲,积极参与各个项目的创作与实践。		
	认真完成各阶段时间节点的创作任务。		
	能够和小组成员分工合作、及时沟通推进项目。		
文创实践	能独立思考,具有创造性思维,产品创意具有原创性、创新性、实用性。		
	乐于尝试用不同的艺术手法表现主题。作品具有一定的艺术表现力:构图布局、色彩搭配、主题突出。		
	能深挖校园文化内涵,提炼校园特色元素。		
	能画出清晰的设计图,细节有标注,关注文创产品的材质。		
	了解文创制作的环节,并在具体项目中有一定程度的参与。		
文创展示	尊重同伴,能有效地评价同伴的创作,提出个人观点,见解独到。		
	想象丰富,思维活跃,大胆自信,口头语言表达清晰,对自己的文创产品设计进行阐述。		
	能够与同伴合作为"校园文创"布置展览,作品展示和陈列能让观众获得较好的观赏体验。		

该课程主要分三个维度对学生进行评价，评价指标与维度一一对应而展开，评价方法采用星级形式：一星代表"好"；二星代表"非常好"；三星代表"优异"。据此对评价指标作出非分数性质的描述性评价，具体评价建议如下。

1. 文创学习

主要考察学生在课程学习中的兴趣态度。在课堂上学习文创相关知识，设计个性文创或校园文创，以小组合作学习参与活动过程，属于课内、课外的表现性评价。因此，学生在学习过程中积极参与到课堂中来，在文创作品欣赏和设计中，能提出自己的观点并引发同伴的思考与讨论显得至关重要。

2. 文创实践

学生经过课程学习后，对文创设计的知识有了一定了解，立足个人兴趣爱好和校园文化，尝试进行文创设计，体会创意实践乐趣。从找到切入点、形成创意思维到效果图表现这一连续过程中，学生的表现也应该注重过程性评价。评选"最具创意作品""最受欢迎作品"，这对激励学生的学习兴趣和自信心有极大的作用，也体现了评价多元。

3. 文创展示

在学生完成的文创设计和落地的文创产品成果展示过程中，学生能对自己或同伴的作品进行有效评价。通过本课程的学习，学生能与同伴共同就某一主题策划文创产品展览，形成运用策展思维和布展组织协调能力。

本课程为文创设计实践课，因此，学生实践能力的比重较大。按照每个文创项目评价，教师可以自行设立奖项如"趣味达人""创意达人""最美文创""最炫国风文创"等，使学生获得荣誉感和自豪感。

67

崇尚科学，重视实践 ——"SPC"科技课程

一、育人理念

学校始终以"科技创新赋能，点亮科学梦想"为育人指向，不断开拓科技教育工作新思路和新举措。完善科技课程，在课堂上进行教学，同时将科技教育融入课外实践活动，激发学生的好奇心和想象力，培养学生的爱国情怀、社会责任感、创新精神和实践能力。课程着力培养学生崇尚科学（Science）、重视实践（Practice）、善于合作（Cooperation），取首字母S、P、C作为课程名，旨在培养学生热爱科学的精神，在科技实践中收获和成长。

二、背景意义

2023年5月，教育部等十八部门发布《关于加强新时代中小学科学教育工作的意见》，要求引导学生广泛参与探究实践，做到学思结合、寓教于乐，自觉获取科学知识、培养科学精神、提升科学素质、增强科技自信自立、厚植家国情怀，努力在孩子心中种下科学的种子，引导孩子编织当科学家的梦想。新课程标准倡导开展实验和探究实践活动，拓展科学实践活动。学校围绕科技课程，积极利用好各方科技资源，将理论和实践有机结合，指向培养学生的科学核心素养。学校在普及科技教育的同时，积极组织参与省、市、区各类比赛，以赛促练，以练促学，学生勇于挑战不怕输，不断提高自身心理素质、临场应变能力，培养自主自信、敢于拼搏、坚持不懈、向上生长等素质。

三、实践做法

（一）课程类型

"SPC"科技课程是一门实践活动类课程，针对七、八年级的学生，进行零基础教学，感兴趣的学生皆可继续选修进阶课程。

（二）教学资料

有专门的科技教室，包括三模教室、车辆及航空模型教室、创客梦工厂·机器人、3D打印室等，室外的有海模水池，体育馆、操场均可用于科技课程教学和专项训练。

以科技辅导员为骨干，全体科学、信息技术教师全员参与科技教育。设立科技教育专项经费、科技辅导员津贴，积极培养本土的、校本的、专业的科技教师。总结课程开展、项目训练、参赛经验，汇总整理，自编教学材料。

（三）授课教师

"SPC"科技课程教师皆为学校科学、信息技术骨干教师，负责无线电测向、航空模型、航海模型、车辆模型四个板块的教学指导，有多年带队训练和参赛经验。

（四）课时安排

课程实施每周一次，每次为2个课时。赛前会利用双休日或小长假进行特训。

（五）课程内容

本课程共5个篇章，共24课时，每个单元与具体的课题内容设计如下。

单元	课题	学习内容	教学组织方式	课时
基础篇	科技入门	观看科技前沿视频，了解科技与人类生活、生产的关系。	视频解析 图文讲解	1
	飞行原理	1.了解飞机的历史。 2.读图分析飞机的构造，理解飞行原理。	科学史 图文讲解	1
	橡筋动力飞机制作	1.认识橡筋动力飞机及其零件。 2.动手制作、调试一架橡筋动力飞机。	图文讲解 探究实践	1
	四驱车制作	1.认识四驱车各部零件。 2.动手组装、调试一辆四驱车。	视频解析 图文讲解 探究实践	1
航空模型篇	四旋翼飞行器	1.了解四旋翼飞机是如何升空的。 2.知晓遥控器基本操作方法。 3.练习操控四旋翼飞行器。	图文讲解 小组合作 探究实践	2
	遥控纸飞机	1.利用KT板制作纸飞机机身，安装电动动力装置和遥控装置。 2.学会在飞行过程中调整飞机飞行姿态。	图文讲解 小组合作 探究实践	2
	FPV穿越机	1.理解FPV的英文含义。 2.体会第一人称主视角的操作感觉。 3.进行穿越机的操控练习。	查阅资料 模拟体验 探究实践	2
航海模型篇	梦想号制作	1.了解航海模型的主要部件、动力形式及航海性能。 2.利用工具，把握舰艇的制作要求。	观察讨论 探究实践	2
	海警号制作	1.了解中国海警船的由来，培养爱国主义精神。 2.动手完成航海模型制作。	学习历史 探究实践	2
	MonoMini遥控快艇	1.了解MonoMini遥控快艇的基本构造。 2.练习操控MonoMini遥控快艇。	图文讲解 小组合作 探究实践	2
车辆模型篇	"烈风"遥控赛车	1.了解常见车辆模型的种类和动力方式。 2.练习操控"烈风"遥控赛车。	图文讲解 小组合作 探究实践	2

续表

单元	课题	学习内容	教学组织方式	课时
无线电测向篇	短距80米波段测向	了解测向机使用方法，学会寻找信号源。	视频讲解 探究实践	2
	阳光测向	了解阳光测向与其他测向的区别，学习使用阳光测向机。	图文讲解 探究实践	2
	3.5MHz测向机的制作	1.学会装配PJ80测向机元件。 2.练习焊接的基本操作。	图文讲解 探究实践	2

（六）教学方法

1.教师讲授法

教师借助视频、图文进行讲解，让学生了解各模型的基本构造，掌握模型运行的原理，以及与电学、力学等方面相关的科学知识。

2.自主探究法

学生自己尝试操控各类模型，探究飞机飞行速度、车辆行驶速度、舰艇航行速度、无线电测向寻找信号源相关的影响因素，通过训练提高成绩。

3.团队合作法

很多科技项目都是团队接力赛，通过小组合作，相互磨合，队员间配合默契，同伴主动沟通交流、互相帮助，形成积极向上的氛围，提高团队凝聚力。

4.请进来

开展校内科普讲座、科技展，将"流动的科技馆"引入学校，给学生直观的科技体验。

5.走出去

带领学生参观校外科技实践基地、浙江省科技馆、各级青少年活动中心等。

6.线上线下融合

挖掘科技教育线上学习资源，如"学习强国"学习平台的"科普中国"栏目、果壳网、科普电影等，将线上、线下科技学习相结合。

（七）课程评价

1.以赛促学

鼓励学生参加各级各类的科技比赛，比如无线电测向、航空模型、航海模型、车辆模型、科幻画、天文科技知识等比赛，以赛促练，以练促学。

2.以评促优

注重过程性评价，每学期评选科技课程之星、科技比赛达人、科技活动之秀，并在学校晨会隆重表彰，在学校微信公众号开设科技创新专栏，晒出学生实验视频、实验报告、小发明、小制作等。

3.以奖促进

获奖学生可以得到科技模型一份，可以与校长共进午餐，并将有机会被推荐参加校外科技参观、学习等。

课程评价表

评价维度	具体评价内容	评价方式（星级评定）		
		学生自评	组内互评	他人评价
训练出勤	积极参加训练，按时出勤，练习认真刻苦。			
操作表现	能够熟练操作模型，自主探究并提升模型速度和质量，提升比赛成绩。			
模型制作	制作的模型构造完整、具有美观度、有创新点。			
心理素质	能控制自己的情绪和心态，在比赛中冷静应对各种突发状况。			
我的荣誉称号和获奖情况				

四、特色成效

"SPC"课程广受学生喜爱，在学校的每个角落都有学生们展示和训练的身影。他们可以在体育馆中放飞自己制作的悬浮纸飞机，操纵他们的FPV多旋翼穿越机和四旋翼飞行器；他们也可以在教学楼架空层的水池旁遥控驾驶MonoMini遥控船进行绕标航行；他们可以在大操场的绿茵地上，听着悦耳的无线电波信号随风奔跑；他们还可以在科技实验教室里，一遍遍地调试他们的"探路者"遥控车，仔细地制作海警号航海模型。

科技已成为学校的特色课程之一，学校建设以"三模一电"为主要内容的创客梦工厂，设施设备齐全，现在已经具备一定的规模。该拓展性课程与科学课紧密结合，将电学、力学等科学基础知识延伸并联系实际操作，形成完整的课程体系，有自编教材，是区级精品课程。学校在普及科技实践的同时，积极组织学生参与各类比赛。近年来，学校被评为杭州市科技教育先进单位，学生在国家级、省级科技比赛中获奖5人次，市级比赛获奖80余人次，区级比赛获奖150余人次。

68 体艺拓展，团队协作——"12"足球课程

一、育人理念

"青出于蓝而胜于蓝"是学校的校训。每一个胜蓝学子都犹如那青青树苗，终有一天会长成参天大树，以自己独特的风采立于蓝天之下。足球课程通过严格的训练和比赛，培养学生坚持不懈、不怕困难的意志力，激发出解决问题和克服障碍的能力，也学会在胜利和失败中保持积极的心态。同时，足球是一项需要团队协作的运动，学生在足球课程中需要与队友相互配合，共同完成比赛任务和达到共同目标。通过省、市、区级足球比赛和队内训练，学生可以学会倾听和理解他人的观点，学会相互支持和信任，学会分工合作和协调沟通，从而培养出良好的团队合作能力；还可以培养出队长的领导能力，使其学会在协作中发挥自己的优势，并充分发挥队员的特长，提升整支足球队的综合实力。

二、背景意义

在足球运动中，学生需要经历长时间的训练和艰苦的比赛，他们往往会面临身体疲惫、压力和困难挑战等问题。足球是一项全身性的运动，通过参与足球课程，学生可以锻炼身体各个方面的能力，如耐力、速度、灵活性、协调性等，有助于提升学生的身体素质。学校"12"足球课程对标新课标，落实体育与健康课堂教学"四化"转型理念，力求让学生在锻炼中"享受乐趣、增强体质、健全人格、锤炼意志"，促进学生身心健康全面发展。

三、实践做法

（一）课程简介

2012年9月，学校组建男子足球队，以培养学生运动及学习足球的兴趣、提高社团成员足球理论及实践水平为目的。"12"是建队的年份，也有脚踏实地、步步前行的内涵；同时"12"也可理解为数字"12"，就是要大家记得除了场上的11个人，还有更多重要的支持着我们的"第12个人"，如替补队员、教练、家人、朋友等。

（二）教学资源

1. 场地

学校配备一个足球场地，符合足球比赛或者训练的要求，具备标准的场地尺寸和草坪质量。

2. 器材

学校提供各类足球器材，例如足球、球门、训练用小道具等。

3. 训练设施

配备一些足球训练的辅助设施，例如训练时可能会使用的标志物、锥桶、训练障碍物等。

4. 赛事和竞技机会

学校也会组织一些足球赛事，包括学校内部的足球比赛、校际足球比赛等，这样可以为学生提供实际参与比赛和锻炼的机会。

（三）授课教师

学校有专职的体育教师，并聘请资深的足球教练来进行足球教学。他们具备相关的教学及培训经验，能够指导学生进行足球训练和比赛。

（四）课时安排

课程实施每周一次，每次为2个课时，周末固定安排半天进行特训。

（五）课程内容

根据学生的学习阶段和能力水平进行划分，旨在通过综合的训练和教学，培养学生的足球技能、战术认识、团队合作能力和领导才能。同时，本课程还为学生提供足球文化和历史知识。课程具体内容如下。

1. 基础技能训练

包括传球、接球、控球、射门等基本的足球技术训练。学生将通过反复的练习和训练游戏来提高他们的基本技术水平。

2. 战术配合训练

学生将学习和理解足球比赛中的战术原则和战术配置；学习如何在比赛中与队友合作，利用空间、传球和盯人等策略来实施有效的进攻和防守。

3. 球队训练和比赛

通过组建球队并进行训练和比赛，学生将有机会应用他们所学的技能和战术知识。包括在训练中与队友合作、参与比赛，并通过比赛中的实际竞争体验来提高技巧和战术水平。

4. 健康和安全教育

学生将学习足球运动的健康和安全知识，包括适当的热身和拉伸活动、如何避免受伤以及急救知识等。这将有助于确保学生在足球活动中的健康和安全。

5. 球队合作和领导培养

学生将有机会在球队中扮演不同的角色，如队长、副队长等，这将培养学生的领导能力、团队合作和沟通能力。

6. 比赛观摩和分析

在足球课程中，学生将有机会观摩和分析各种足球比赛，包括职业比赛、世界杯等。通过观察并分析比赛，学生可以了解不同的战术和技术应用，汲取经验并从中得到启发。

7. 足球文化和历史

学生还可以学习足球的历史和文化，了解足球的起源、发展和国际比赛等方面的知识。

四、特色成效

（一）学生获得多元发展

学校培养出众多的优秀足球运动员，多年来源源不断向杭州市足球队输送后备人才。有三位同学在杭州市足球队集训后代表杭州队参加 2020 年浙江省足球锦标赛并获得了冠军。

（二）学校提升办学美誉度

学校足球项目已成为校园文化的一部分，举办足球比赛、足球文化节等活动，吸引了更多学生参与，促进了学生交流，同时也增加了学校的活力和凝聚力。

69

精准射击，瞄向未来——"小小神枪手"课程

一、育人理念

"小小神枪手"课程始终围绕学校"办一所让孩子喜欢、自豪、怀念的好学校"的办学愿景和"让每一个生命向上生长"的办学理念，精心构建以"喜欢、自豪、怀念"为经，以"生命、生活、生态"为纬，以"自律、自主、自信"为核心的课程体系。以"五育融合"为核心，以体育为核心带动"五育"，培养学生德智体美劳全面发展。

二、背景意义

国家对于青少年体育教育的重视程度不断提高，这为学校开设射击课程提供了政策背景。学校积极响应这一政策，旨在通过射击课程，增强学生的体质，提高他们的身心素质。通过射击激发学生对学校特色体育项目的热爱，锻炼学生敢闯敢拼的意志，使学生学会调整心态和控制自己的情绪，培养勇于挑战、坚定勇敢、自主自信、身体健康、心态阳光，具有团队精神和国防意识的胜蓝学子。

三、实践做法

（一）课程类型

"小小神枪手"课程针对七、八年级的学生，进行零基础教学，感兴趣的学生皆可选修进阶课程。

（二）教学资料

学校拥有射击专业场馆及设备，拥有射击馆、符合公安要求的枪弹库、22个靶位、12把枪、训练所需的射击服及装备和独立的更衣间。

中国射击协会官网、"杭州市射击射箭协会"等公众号拥有丰富的射击相关资源，学校基于本课程纲要，融合网络资源，开发了射击学生活动手册。

（三）授课教师

授课教师具有射击教练员资格证或在省级以上射击比赛获得过名次。例如，世界冠军王娴曾来学校指导教学、传授经验，中国首枚奥运金牌获得者许海峰也曾来校指导。

（四）课时安排

课程实施每周一次，每次为 2 个课时。

（五）课程内容

本课程共 15 课时，具体的课程内容设计如下。

单元	课题	学习内容	教学组织方式	课时
"射"身处地	射击运动的历史与发展	观看射击有关的纪录片，了解射击的前世今生。	视频解析 图文讲解	1
	我国射击发展的历史回顾	在射击纪录片中搜寻我国射击发展的相关信息，梳理我国射击发展历史。	视频解析 图文讲解 自主探究	1
铺谋"射"计	枪	1.了解射击项目枪支的种类和特点。 2.在对枪支有了基本认识后，学生分小组动手体验安装枪支瞄准镜。 3.分组制作枪支。	图文讲解 观察讨论 动手实践	2
	弹	联系科学课中压强的知识点，探究气枪弹的威力从何而来，子弹的材质为何用铅。	观察讨论 实验探究	2

续表

单元	课题	学习内容	教学组织方式	课时
铺谋"射"计	射击服装	1.观看射击服的介绍视频，现场观察、试穿射击服。 2.猜猜射击服是什么材质的，探究射击服的作用是什么。	视频解析 观察讨论 实验探究	1
想方"射"法	射击姿势	学生联系气压、瞄准中光的传播、力的作用等相关知识，分小组讨论，自主探究提高射击环数的方法，如瞄准、姿势、举枪、调整……	观察讨论 实验探究	2
	瞄准	在教师的监督下，学生初次尝试射击，每人用10发子弹验证前面的探究结果。	实践尝试	2
	击发	教师点评学生讨论结果，在此基础上讲授射击动作要领，并示范射击动作。	实践尝试 观察讨论 示范引领	2
"射"我其谁	中国第一个奥运冠军许海峰的故事	观看视频，探讨许海峰获得中国第一个奥运冠军的原因。	视频解析 讨论分析	1
	中国射击队不该忘记的中国传奇	教师给学生讲述中国射击队的传奇故事，使其领略运动精神。	教师讲解 讨论分析	1

（六）教学方法

1.教师讲授法

射击活动离学生生活较远，有些知识无法通过自主探究习得，这个时候就必须由教师讲授教学。如第3单元"想方'射'法"第2课"击发"中，教师要在学生初步认识射击的基础上，讲授射击动作要领，并示范射击动作，不断强调射击规则与注意事项。这是由于射击活动有一定危险性，教师讲授教学更能保证教学安全。

2.自主探究法

自主探究学习法，即学生自己提出射击相关问题，并有计划、有目的、有步骤地进行研究与探索，从而获得结论的学习模式。如第2单元"铺谋'射'计"第2课"弹"中，学生联系科学课中压强的知识点，自主探究气枪弹的威力从何而来；第3单元"想方'射'法"第1课"射击姿势"中，学生联系气压、瞄准中光的传播、力的作用等相关知识，分小组讨论，自主探究提高射击环数的方法，如瞄准、姿势、举枪、调整……

3.团队合作法

射击虽然是一项个人运动，但是本课程以团队合作学习法传授射击相关知识。如第3单元"想方'射'法"第1课"射击姿势"中，学生利用气压、光的传播、力的作用等已习得的科学知识，小组合作，共同研究射击的原理与知识。又如第4单元"'射'我其谁"第1课"中国第一个奥运冠军许海峰的故事"，学生以小组为单位，模拟射击比赛现场。在这一过程中，同伴主动沟通交流、互相帮助，形成积极向上的氛围，提高团队凝聚力。

4.请进来

我们邀请专业的射击教练——世界冠军王娴来校指导，以"瞄准目标，向未来出发"为主题举办开学典礼；请东京奥运会冠军杜丽、杨倩、庞伟、杨浩然为同学们送上开学祝福。

5.走出去

我们带领学生去参观亚运会射击场馆，让学生更深刻地体会射击文化；组织射击项目的校级联赛，与其他学校志同道合的同学一起探讨、一起成长。

（七）课程评价

课程评价表

评价维度	具体评价内容	评价方式		
		学生自评	组内互评	他人评价
举枪姿势	能协调、熟练地做好每一环节举枪动作。			

续表

评价维度	具体评价内容	评价方式		
		学生自评	组内互评	他人评价
瞄准	能踏实地做出贴腮瞄准动作，视力回收，自然晃动。			
稳定性	从举枪开始，能控制身体稳定性，调整晃动，使之与呼吸一致。			
心态调整	能控制自己的情绪和心态，好的时候敢于保持好动作乘胜追击，不好的时候能及时停下来调整自己。			
我的荣誉称号				

四、特色成效

（一）学生层面：课程多元化增强获得感

学校已培养出众多的优秀射击运动员，如世界冠军钱学超、张志豪，全国冠军陈倩蓓，省、市冠军及优秀运动员潘顺杰、陈晨、陈雨婷、鲁鋮、张昊婷等。多年来，学校源源不断向杭州市队与浙江省队输送优秀的射击运动员，是射击冠军的启蒙地，是学生实现梦想的摇篮。多元化的射击课程增强了学生的获得感与成就感。

（二）教师层面：课程开发增强成长性

所谓教学相长，是指教师在课程开发的过程中，自己也获得了成长，如增加了对学生身体素质的了解，提升了课程设计与实施能力。

（三）学校层面：课程实践提升办学美誉度

学校利用场地优势，开展拓展性课程和射击文化周，邀请射击世界冠军（钱学超、王娴）进校园，在全校营造射击运动氛围，带动射击运动在学校的开展与普及，并取得了丰硕的成果。2022年7月，由学校输送培养的7名射击运动员代表杭州市参加浙江省第十七届运动会射击比赛，他们沉着冷静，敢打敢拼，取得了五金四银的好成绩，为学校、为杭州争光。"小小神枪手"课程获得了第十五届"杭州市义务教育精品课程"，学校于 2021 年成为射击项目"市队联办"学校，大大提升了学校办学美誉度。

70

以乐育人，向美而行——"小风铃"合唱课程

一、育人理念

合唱课程能够培养学生对音乐的兴趣爱好，丰富学生课外文化生活，促进学生身心健康发展，开阔音乐视野，丰富他们的音乐知识，提高技能技巧和音乐素养。它不仅是歌唱本身的愉悦身心的体验，使有音乐特长的学生得到充分发展，在活动中发挥他们的主动性、独立性和创造性，而且能培养学生的集体创作精神，让每个生命向上生长。

二、背景意义

社团文化活动能培养学生的兴趣、能力及创造力。通过创设良好的学校社团文化情境，开展丰富多彩的社团文化活动，形成积极向上、生动活泼的校园文化氛围，以情境吸引人、熏陶人、感染人，对学生产生潜移默化的积极作用，让学生在活动中发现与培养自己多方面的兴趣、能力及创造力，从而促进学生健康成长。小风铃合唱团的开设正是如此。合唱社团作为课堂教学的延伸，已经成为中小学艺术课程教学的一部分，是一种新的教学手段。学生在社团活动中可以提升审美品位、增强团队合作精神和集体荣誉感。同时，合唱社团还有助于学生的情感教育，是校园文化建设中不可缺少的一部分。从合唱队伍的成立，到每节课的排练集训，再到比赛演出的呈现，都需要每一位同学的配合，需要每一位同学的协作。

三、实践做法

（一）招募选拔，成员更替

一支合唱团若想要在固定时间内取得较好的成绩，需要学生在音准、音色、音域、节奏等方面有一定的素养。所以在组建合唱团前期，需要采用集中选拔的方式，通过模唱、模仿、听辨、视唱等手段来测试学生的演唱能力、反应能力以及记忆能力，最终确定合唱团成员名单，总人数约为 40 人。在招募过程中，发动合唱团内团长、声部长等专业能力较强的同学一起参与选拔，锻炼其组织能力、辨别能力，以促进合唱团的良性发展。

（二）固定排练，自主管理

利用社团课的时间，合唱团成员们进行声音高低、强弱、快慢和音色等多方面的演唱训练，学生在基础训练中建立和声听觉。在训练中，各声部由声部长负责带领训练，环节如下：一是钢琴弹奏声部旋律，同学们跟唱；二是钢琴弹奏和声，同学们唱声部旋律；三是没有伴奏，准确演唱；四是钢琴弹奏其他声部旋律进行干扰，让同学们听到其他声部，同时唱准自己的声部。

（三）例行检测，循序渐进

在课余布置相关打卡作业，团队负责老师适当给出修改意见。各声部长整合好修整意见，有针对性地带领同学们对乐段薄弱处、歌曲难点处逐一突破，促进各成员的相互配合，稳步提升。

（四）统筹安排，协调有序

合唱社团的训练目的是在舞台上完美演绎，小风铃合唱团在校内、校外均有大量的展示机会。在比赛、演出来临之际，确定时间、地点和节目单，聘请专家进行技术支持，联系舞台道具和服装的租赁，确保演出效果的完美呈现。在该过程中，确定服装负责人、各小组负责人、妆造负责人和道具负责人（结合家委的力量），各自展开分工、任务安排。

（五）多样活动，自信展示

除比赛、演出之外，小风铃合唱团还参与校内特色"吾育·吾秀"系列活动，在各项活动中自信展示，展现艺术的魅力，争做德智体美劳全面发展的优秀学生。

四、特色成效

一个好的合唱团就是一个好的艺术团队，不仅需要在声音技巧方面有一定的专业度，在舞台上的演绎也需要发光出彩，无论是表演神情还是服装造型，都需要精心设计。在展示过程中能够传递出自信、积极、向上的校园文化。在合唱团训练中，老师除了技术辅导，还让孩子们充分发挥自己的光和热，在这个过程中或许会有意想不到的惊喜，比如，有特别适合舞台演绎的、有特别能管理团队的、有特别擅长搭配服装的……让孩子们在团队中学会倾听、学会合作、学会自信，促成长、共提升、展风采。

71 阅读经典，自信创作——"渡口"文学课程

一、育人理念

莎士比亚曾说："书籍是全世界的营养品，生活里没有书籍，就好像没有阳光；智慧里没有书籍，就好像鸟儿没有翅膀。"一本好书可以潜移默化地滋养心灵和人生。为了激发学生文学阅读、文学创作的热情，丰富学生的课余文化生活，积累写作素材，增强学生的思维潜力、审美潜力、创造潜力，学校开设"渡口文学"校本课程，全面提高学生文学素养。

二、背景意义

学校"渡口"文学课程开始于2006年，基于"让每一个生命向上生长"的办学理念，让学生"青出于蓝而胜于蓝"，多年来始终与学校发展相生相伴。所谓"渡口"，取的是"迎来送往，自渡渡人"之意，望学生由此处"渡河"，能激浊扬清，青胜于蓝。文学永远是人类精神的原乡，文字精微，故事波云，或有侠之大者，或有升斗小民，都能为读者带来跃然纸上的鲜活体验。"渡口"文学课程，鉴赏与创作并重，学生从这个窗口中感受到泱泱华夏"郁郁乎文哉"的厚重积淀。

三、实践做法

（一）读书分享会

参加"渡口"文学课程的学生都有自己最喜爱的作家与作品。优秀的作家、

作品就像人生的指路人，给人以启迪。让学生从文学作品中获得感悟，一起分享。每位文学社成员都有机会展示自己的文学作品，包括诗歌、散文、小说等。

（二）诗歌朗诵

有这样一群亲青胜蓝学子，他们好读书，读好书，并用精彩的文字、优美的诗歌等来抒发心情，品经典之美，做书香少年。诗歌朗诵是一门非常重要的语言艺术，它可以培养学生的语感和情感表达能力。同学们自信发声，做自己原创诗歌的代言人，深情诵读自己的作品。

（三）绕口令比赛

腹有诗书气自华，读书让我们有了气质，学会好好说话能让我们变得优雅且智慧。"茕茕孑立，沆瀣一气，踽踽独行，醍醐灌顶，绵绵瓜瓞……"中国话是中国人心灵的吐纳，普通话有着黄河的不羁、长江的豪迈、高山的沉稳，亦有江南的婉约。我们要让普通话在国际的演讲台上响起，让全世界都记住中国话。为此，学校开展普通话原创绕口令大擂台。

（四）胜蓝"吉尼斯"

古老的汉字看似简单，要做到正确书写却颇为不易。在平时的学习中，常常会写错别字。重视汉字的书写，能正确书写是学好语文的基础，基于此，"渡口"文学社开展了"语文吉尼斯"之"火眼金睛识错字"这一活动。在25分钟内，同学们冥思苦想，交出一份满意的答卷。本活动是挑战，也是激励，希望同学们在今后的学习中，能更加注重学好汉字，写好汉字，用好汉字，更好地传承中华文化。

四、特色成效

"渡口"文学课程培养孩子对文学写作的兴趣，提升交流、表达能力和文学鉴赏能力，提高文学素养。拓展学生的第二课堂，丰富学生的课外生活，以报纸、杂志为载体，展示胜蓝学子的优秀习作，并以此为平台，展示胜蓝的独特的办学风格、校园文化和丰富多彩的教学活动。透过文学社的写作、阅读、修改校刊等实践活动，挖掘孩子的潜力，让孩子体验成功的喜悦。

附写给文学社的卷首语

墨香幽幽　笃行不倦

打开墨窗，一丝清香飘旋，在墨香中晕染，在静默中拔节。"渡口"文学社于2006年的金秋十月在胜蓝这块坚实肥沃的土地上生根、发芽、成长、壮大。同学们用汗水、用挚爱、用青春浇灌了这朵美丽的文学家园；老师们用无微不至的关怀、循循善诱的教导、不离不弃的支持呵护着这个充满爱的幸福家园。

伴随着课程改革的铿锵步伐，学校提出了"让每一个生命向上生长"的办学理念，让学生成为自律、自主、自信的人。基于此，学校积极搭建了师生徜徉文海、创作交流的平台——"渡口"文学社，开设了"青春抒怀""同窗话语""亲情倾诉""成长烦恼""佳节品味""旅行者说""诗坛新苗""书声琅琅"等十个栏目。

一滴墨在湖泊中心，泛起层层涟漪。在这里，透过淡淡的墨香，能感受彼此的呼吸和心跳；在这里，透过涓涓的文字，能共担彼此的喜悦与惆怅；在这里，可以抒写青春之歌，成就青春梦想；在这里，可以记下同桌的你，写下那些年一起走过的春夏秋冬；在这里，可以品读亲情的温暖，倾诉质朴浓烈的爱；在这里，可以留下童年的涩味，还原真实的自我；在这里，可以共度传统佳节，品味传统文化；在这里，可以游走四方，共赏美景，分享曾经的美好瞬间；在这里，可以抒写内心的激荡，记录理智的思考；在这里，可以博览群书，开启智慧的旅行……

这是一个有梦的地方！请大家用充满个性的真实声音，大胆袒露自己的心智才情，记录生活瞬间的感动，尽情挥毫泼墨，从墨香中获得快乐、走向崇高吧！

"路漫漫其修远兮，吾将上下而求索。"在未来的日子里，希望你们在前进的道路上永不止步；在胜蓝这片肥沃的土地上，让文学之路走得更坚实、更有风采！

72 以诗赋秋，以文会友——"渡口"文学课程活动展示

一、育人理念

学校教育不仅仅是知识的传授，还要注重学生品德的塑造。"青出于蓝而胜于蓝"是学校的校训，鼓励学生们要德智体美劳方面全面发展，不断超越同伴，超越师者，超越自我。学校"让每一个生命向上生长"的办学理念，培养学生在生活中要拥有一双发现美的眼睛，去发现美、歌颂美，促进自我的核心素养的提升。

二、背景意义

中小学阶段是学生身体发育和心理成长的重要阶段，而课程作为育人的主要媒介和途径，在辅助个体成长和发展方面具有重要作用，也是学校教育工作的主要内容，是落实立德树人根本任务的主要途径和方式。学校重视以课程育人，开设了学科专题课程、红色思政德育课程和社团兴趣特色课程，让学生在不同的课程中不断完善自我品格，提升综合素质能力。学校对学生的人文素养尤其重视，在这样的文化渲染下，"渡口"文学社集结了志同道合的文学爱好者们，一同探索文学知识，感知这点滴的美好，交流每一刻的幸福。"渡口"文学社希望帮助更多的同学提升自己的文学赏析能力，让文学走进学生的日常学习生活，为校园文化建设注入一份来自文学社的力量，共同欣赏文字的魅力，提升自身的人文素养。

三、实践做法

（一）抓住最美瞬间，课前欣赏美景

杭州秋日的"顶流"是桂花；当寒风吹动时，便是银杏的主场。在胜蓝，也有这样美丽的银杏树，每到 11、12 月，入目便是一眼金黄，煞是好看，不断引来师生们的围观和赞美。联想到古往今来，众多文人墨客也会借银杏抒情、抒发心境。"渡口"文学社以此为契机，组织学生以一种新型的表达方式歌颂美好，将美和热爱留在心间。在社团课前，教师预留出一部分时间，先带领学生们一起到银杏树前欣赏美景，从各个角度去观察银杏树，发掘它的美。

（二）学习表达方式，课中抒发心境

社团课中，教师先指导学生了解藏头诗、"三句半"等表达方式，让学生掌握一定的理论知识，能够发现其妙处和表达规律，以此表达对银杏树的赞美和对秋天的感悟。由银杏树的美，学生不仅感受到了自然的美，也深深感受到了校园的美，从而更加热爱校园。

（三）应用知识理论，课后宣传赞美

"胜秋时节金叶飘，蓝天之下少年跑，美妙季节追梦想，向上生长！"该学生采用藏头诗的方式，表达校园的美，由美景联系到人，激励自己不断向上生长。"飘落的枫叶伴风起，凋零的玫瑰在叹气，漫步在泛黄书页里，是青春气息！"表达了对青春的感悟。还有的同学这样赞叹道："翠绿染成火红，我对枫叶独钟，漫步胜蓝园中，叹秋！"表达了对这个季节的赞美。不同的学生从不同的角度表达了自己的感受。

四、特色成效

"在浪漫的秋天里，写浪漫的诗"，本次社团活动让学生结合身边的美好事物来歌颂美。一方面，落实语文学科的核心素养要求；另一方面，激发了学生学习语文知识的兴趣。学生不再是单纯地接受知识，也不会感觉枯燥无味，而

是会充满能量，努力向上生长！本次活动开展后，同样在学校公众号平台上发布，吸引了一大批用户的关注，获得了一众同行的赞美。

73 精彩暑托班，快乐过暑假

一、育人理念

教育不是把篮子装满，而是把灯点亮。课程设置除了知识的传授外，更应该开发丰厚的课程体系，这样才能满足学生多样性发展的需要，真正做到为学生减负，从而落实好立德树人的根本任务。学校开设的课程应扎根于日常教学活动，形成学校特色、地域特色，达到文化育人和课程育人的目的。

二、背景意义

2021年7月，中共中央办公厅、国务院办公厅印发了《关于进一步减轻义务教育阶段学生作业负担和校外培训负担的意见》（以下简称"双减"）。2022年7月，为进一步落实国家、省、市"双减"政策和有关暑期托管的文件精神，有效缓解学生暑期"看护难"问题，切实减轻家长负担，引导和帮助学生度过一个安全、快乐、有意义的暑假，拱墅区推出了中小学暑期托管服务。作为东新街道唯一的中学暑托服务点，学校精心设计安排课程，给学生不一样的体验，确保学生们在放松的同时，既能保质保量地完成暑期任务，又能学到新知识、新技能。

三、实践做法

（一）部署执行，工作扎实到位

首先，在思想上给予高度重视，学校领导班子严格部署暑托班工作，对于学生的课程安排、生活作息、学习评价等方面都考虑周全，严肃认真地组织好这项工作。另外，对仪式教育也很重视，例如，开展暑托班开班典礼，以此来让学生更加了解暑托点，了解学习、生活等各方面的要求。除此之外，"破冰"游戏的开展也很有必要，能够迅速地使学生融入新的集体中，例如，组织学生以小组为单位，在报纸上寻找组员名字的"破冰"游戏，使同学们能够更快地认识彼此，缩小距离感，找到归属感。

（二）评价反馈，激励措施新颖

教育评价是素质教育的要求，是教育改革的必然，它在教育中具有重要的作用。评价能够使学生认识自我，树立自信，有助于反思并及时调整自我。为了让学生能够充分利用暑托时间，学校专门设计了"青耕暑托，快乐假期"的征章卡，旨在鼓励同学们脚踏实地为暑假生活积极耕耘。在暑托班最后一节课上，将评选出印章比较多的同学，由校长亲自送出定制奖品，鼓励学生在以后的学习生活中也要不断飞越梦想、超越自我和追求卓越。

（三）能力拓展，课程礼包丰富

暑托班的课程更重视拓展学生的综合能力，让学生能够了解课本知识以外的内容，鼓励学生的个性化发展。除了组织同学们参加集体游戏、文体活动、兴趣拓展，学校还为同学们设置了丰富的课程礼包：有紧贴生活的时事速递，有妙趣横生的填词游戏，有精巧的手串打磨制作，有英文歌曲的学唱，有高端的FPV无人机操控体验，有实用的视频剪辑术学习，有各种棋类的技艺切磋……课程丰富多样，体验感十足，既拓宽了学生的眼界，又提升了学生的综合素质能力，让学生在快乐中学习和成长。

四、特色成效

学校作为东新街道唯一一所暑托点，圆满地完成区里组织的首次暑托工作。学校的课程设计丰富，有亮点，有特色；学生在校表现反馈及时，授课老师知识讲解有趣；学校组织有序、有温度。校长亲自为学生送"清凉解暑神器"——西瓜，亲自颁发奖品和证书，学生深感骄傲。本次暑托工作亮点纷呈，受到了杭州电视台、浙江卫视新闻频道等电视媒体以及多个网络媒体的关注，校长也受邀出席参加电视媒体圆桌会议，向兄弟学校分享暑托工作开展经验，做好示范辐射和引领，更进一步促进了学校向更高质量发展。

74 校园吉尼斯学科挑战赛

一、育人理念

学科活动是学生课内活动的延伸，是基于学科素养的提升，也是与人文知识、时政热点、科技前沿的联系。学生在参与活动时能主动运用相关的学科知识进行实践与展示。整合学科活动，落实到每一个学期，每一门学科，实现全面育人，让学科知识走进学生的生活，提升学生的学科核心素养。

二、背景意义

当前教育面临诸多挑战，例如，学生的应试压力过大、心理问题较多、缺乏创新思维等。校园吉尼斯学科挑战赛作为一项新颖且富有竞争性的活动，可以调动学生的学习兴趣，激发他们的求知欲望和学习动力。校园吉尼斯学科挑战赛旨在通过比赛，培养学生的主动学习能力、团队协作能力、创新思维能力和解决问题的能力，还能提高学生的自信心和挑战精神，培养他们面对困难时勇往直前的品质。通过参与比赛，学生们可以获得学习的乐趣和成就感，激发学生的学习热情，提高他们的学习效果和综合素养。

三、实践做法

（一）语文学科："竞"展文才，"语"你同行

1.七年级："火眼金睛识错字"

正确书写汉字是学好语文的基础，为了让学生们重视汉字的书写，七年级

开展了语文吉尼斯之"火眼金睛识错字"活动。希望学生在今后的学习中，能更加注重学好汉字，写好汉字，用好汉字，更好地传承中华文化。

2.八年级："品读经典，墨润书香"

活动旨在营造良好的品读文化氛围，增加学生的文化底蕴，养成"爱读书、多读书、读好书"的习惯，强化学生传承国学经典、弘扬民族文化的意识，提高学生的文学素养。八年级围绕《红星照耀中国》《长征》《飞向太空港》《昆虫记》这四本书的内容进行了知识竞赛，增强学生阅读的兴趣。

3.九年级："古诗迷宫"

诗词歌赋是中华民族五千年文明的瑰丽珍宝，是从古至今各大文人的思想结晶。它或是兴致正盛时的有感而发，或是心中寂寥时的情感寄托，或是郁郁不得志时的表明心迹，抑或是与朋出游时的惬意小记。九年级开展"古诗迷宫"这一校园吉尼斯学科挑战赛，激发了同学们学习古诗的热情，提升了学生对于诗歌的积累和运用能力。

（二）数学学科：数学思维大挑战

1.七年级：以"夯实基础，提升思维"为主题

计算推理PK在提高学生的计算能力、分析问题和解决问题能力的同时，侧重培养学生归纳推理和逻辑思维能力，从而调动学生的参与性和探究兴趣。

2.八年级：以"深度思考"为主题

学科竞赛试题内容全面，容量大，思路灵活，深度和广度均高于课堂教学，激励学生开动脑筋，勇攀数学高峰。

3.九年级：以"趣味数学"为主题

随着九年级数学难度、深度增大，通过这次数学学科趣味挑战赛可以提振学生信心，激发学生学习兴趣，继续努力，为中考数学做好更充足的准备。

（三）英语学科: Reading for Fun

为了提升学生的英语阅读能力，培养良好的阅读习惯，开阔学生学习英语的视野，帮助学生整合语言学习和建构知识，英语组开展了英语吉尼斯之Reading for Fun活动。学科挑战赛分年级进行，根据新课标对七、八、九三个年级的不同要求，备课组教师优化文本，重视深层思维的产出。本次活动以研读语篇为逻辑起点设计有效问题，充分挖掘语篇背后的文化内涵和育人价值，从不同方面考查了学生的阅读能力和英语综合运用能力，运用细节理解、推理判断等阅读技巧，破解一道道阅读难题，为促进学生发展思维、形成核心素养奠定基础，让学生们意识到培养英语阅读能力的重要性，也从中感受阅读的快乐和成就感。

（四）科学学科: 动手动脑创思维，学科拓展提素养

科学吉尼斯挑战赛以"做中学""玩中学"为理论依据，设计具有探究意义与课程资源相结合的活动，引领学生亲历丰富多彩的探究过程，体验发现、探究、创造的乐趣，从而让学生爱上科学，并逐步学会使用科学知识解决相关问题。

1.七年级: 以"测量小石块和盐水的密度"为主题

突破七年级上册重点——物质的密度，让学生在实践中加强对实验原理、实验步骤、实验方法、数据记录及分析、实验结论、误差分析等各方面的理解。

2.八年级: 以"电学"为主题

包括基础电学概念辨析、电路设计、实际电路连接操作等内容，旨在培养学生动手动脑相结合的能力，在思考中优化实验，在实验中验证方案的优劣，能基于证据和逻辑发表自己的见解，培养严谨求实的学习态度。

3.九年级: 以"深度思考，激发潜力"为主题

竞赛分为物理和生化两个板块，内容覆盖面广，解题思路灵活，不仅考查

学生的知识掌握程度，同时挑战学生的竞赛技巧和速度。通过一系列吉尼斯科学学科挑战赛，学生的动手动脑能力得到加强，兴趣得到培养，思维和创新能力得到训练，爱科学、学科学、用科学的意识逐渐深入。

（五）历史与社会学科：贯通古今，鉴往知来

历史与社会学科开展了以"贯通古今，鉴往知来"为主题的校园吉尼斯知识竞赛，进一步提升新时代学生的学科核心素养，检验其知识储备和学习能力，拓宽历史视野，丰富校园生活。

1.七年级：考查学生历史知识储备

七年级学生经过这一阶段的历史学习，已经对中国古代史有了一定了解。竞赛基于七年级上册的中国古代史知识，重点考查学生的历史知识储备；同时还利用年代尺的形式，测验学生对各个朝代的时间与重大历史事件的了解程度，以提升学生的时空观念核心素养。

2.八年级：直面中考典型试题

在浙江省中考统考的大背景之下，八年级以"整合历史，直面统考"为主题，选取2023年度浙江省各市中考典型题目，让学生提前感受统考趋势、出题风格，打有准备之仗。

3.九年级：玩转世界历史

九年级学生在规定时间内完成世界历史知识的填字游戏，考查学生知识的运用能力和推理判断能力，既是自我挑战，也是对这一阶段历史学习的自我检查。

"欲知大道，必先为史。"敬畏历史，尊崇历史，善用历史思维，积极发挥以史育人的作用。通过历史与社会学科吉尼斯挑战赛，不仅能拓展同学们历史学习的视野，而且能强化学生对历史学习的重要性的认识，增强学生对中国优秀传统文化的自豪感、对国家和民族的认同感。

四、特色成效

1.有利于培养学生更加全面的核心素养

开展校园吉尼斯学科挑战赛，有助于学生深入理解学科知识，并将所学知识应用到实际情境中，同时培养批判性思维和创新能力，使他们在遇到问题时能够独立思考，提出创新的解决方案。

2.激发学生的挑战精神并增强自信心

校园吉尼斯学科挑战赛是一个竞争性的活动，需要学生在规定的时间内完成任务，在比赛中展示自己的才华和技能。这样的活动要求学生具备良好的自我调节能力，以应对比赛中的各种挑战和压力，让他们在面对困难和挑战时更加坚定和自信。

3.挑战赛为孩子们提供了一个锻炼自己能力的机会，让他们能够在比赛中展示自我

家长们觉得这样的比赛能够激发孩子的学习兴趣，培养他们的自信心和团队合作精神。同时，家长们也能够通过比赛了解孩子们的学习情况和成长变化，更好地支持他们的学业和发展。

4.校园吉尼斯学科挑战赛是一种新颖且富有竞争性的活动，它可以为学校育人提供新的思路和方式

通过竞赛的形式，学校可以更好地培养学生的综合素质和创新能力，促进育人工作的改革和创新。

75 创设"西行"公众号，品读《西游记》

一、育人理念

如何在名著阅读教学中落实学科育人，是当下名著阅读教学亟须探讨的话题。《西游记》是一部耳熟能详的中国古典文学名著，影响颇深。教师从名著阅读的终极目标入手，采取选点突破、任务驱动和专题探究等措施，明晰《西游记》名著阅读教学的具体实施策略，通过搭建"西行"公众号，培养学生的想象力和创造力。

二、背景意义

《义务教育语文课程标准（2022 年版）》明确了义务教育语文课程理念：立足学生核心素养发展，充分发挥语文课程育人功能。核心素养的落脚点是学生的能力和品格，聚焦新课标"语文课程应着力培养学生的核心素养"这个宗旨，名著阅读教学的实施就必须观照语言建构与运用、思维发展与提升、审美鉴赏与创造、文化传承与理解这四个维度。

三、实践做法

活动一：聚焦情境，头脑风暴

学生分析项目情境，开展头脑风暴，快速思考一个公众号的建立与经营需要具备哪些条件。

活动二：设计内容，提交草案

围绕驱动性问题，阐述"西行"公众号建立的意义，分析"西行"公众号可包含的板块，并说明理由。例如，西行之路概览、西行团队简介、三界武力榜单、七嘴八舌论坛。

活动三：分解任务，规划阅读

语文学科教师科学统筹规划，学生参考教师提供的阅读计划表，有弹性地规划自己的阅读进度。借助统编版语文教材中的阅读策略支架，语文教师提出精读与跳读两种阅读策略，由学生按个人阅读力进行选择使用。学生在8周左右的时间里坚持阅读名著文本，选定合适的阅读策略，记录每日阅读心得，并在阅读过程中绘制思维导图等。

活动四：西行之路，团队简介

学生阅读过程中已对取经线路、主要人物形象有了了解。以小组为单位，完成公众号的取经路线地图和师徒四人简介页面。

活动五：选择人物，制作卡牌

学生选择自己感兴趣的若干个人物，精读重点章节，制作人物卡牌（包括画像、武器、武力值等）。将每位同学制作的卡牌收集起来，合作讨论，将人物按照武力值进行排序，完成三界武力榜单。

活动六：七嘴八舌论坛

公众号中设置了一个七嘴八舌论坛，用于讨论《西游记》中有争议性的问题，提高学生思辨能力，例如，孙悟空与猪八戒谁更适合当老公？孙悟空的叛逆性格是好是坏？孙悟空成为斗战胜佛，是喜剧还是悲剧？

四、特色成效

在班内推选出策划书优秀作品，后在全校范围内公开展览，由所有学生为优秀《"西行"公众号策划书》点赞投票。学生从校内展出的优秀《"西行"

公众号策划书》中选择自己最认同的一份作品，并陈述理由。这样的语文名著学习活动，可以使同学们共同走入《西游记》世界，享受古典名著阅读的乐趣。在名著阅读过程中，学生通过感受人物性格特点、理解当时背景文化、欣赏评价语言文字及作品，可以获得较为丰富的审美体验，逐步构建一定的审美能力和鉴赏能力。

76 将"测绘仪"搬进学校

一、育人理念

教育是引导学生成为更好的自己。基于此，学校需要开展丰富多彩且有意义的教学活动，不断给学生提供舞台，让他们成为更好的自己。学校一直致力于"亲越"育人实践，为学生营造轻松、愉悦的学习氛围，重视教学的趣味性、实践性，让学科育人真正落地。

二、背景意义

传统教学的模式是"教师讲、学生听，教师写、学生抄，教师考、学生背"，而项目化学习作为近几年广泛被推崇的学习模式，强调学生要学会学习、做事、共处和生存。通过鼓励学生做项目的活动，为课堂教学带来了创新与变革。数学教研组设计了"将'测绘仪'搬进学校"的项目化学科活动，结合相似三角形的课程内容，让学生在真实情境中从数学的角度发现和提出问题，综合运用数学和其他学科的知识，从不同的角度寻求分析问题和解决问题的方法，巩固相关数学知识技能，能运用几何直观、逻辑推理等方法解决问题，具备模型观念和数据观念。

三、实践做法

（一）发现问题，设计方案

首先，从生活实际出发，向学生提出一个问题：如何更换学校国旗杆绳？

并将此问题聚焦于解决绳子长度，最终回归到测旗杆的高度问题上。随后，同学们以小组为单位进行讨论，并利用自己现有的数学知识，设计测量旗杆高度的方案。课堂中每个小组的组长都发挥着引领作用，组内成员积极参与讨论。大家分工明确，都在积极地为解决这个实际问题开动脑筋、贡献自己的力量。老师也适时地在旁边给予点拨，帮助学生解答疑惑。组内讨论结束后，每个小组分别派出代表展示小组方案，其他小组也在认真地聆听和思考方案的可行性。

（二）检验论证，实施方案

依托方案设计，学生们开始实地勘测。利用工具和材料进行加工制作，根据实际效果进行修改迭代，用自制的简单装置及实物模型验证。他们有的在认真测量距离，有的在认真计算，有的在调整方案，忙得不亦乐乎。同时，每个小组都配备一个数学老师，同学们在遇到困难时，可以向老师们请教。为了验证实验结果的准确度，有一位同学还专门将"测绘仪"搬进了校园，进行了精确测量。

（三）互相交流，总结反思

经过一节课的实地勘测，每个小组成员心中都有了答案。大家再次走进课堂，一起分享项目实施的整个过程和最终结果，并指出了在勘测过程中所出现的一些问题。例如，在测量过程中出现问题导致数据不准确甚至有很大的误差，在数学组老师的引导下，同学们快速找到问题所在，算出正确数据。同学们互相交流，分享成功的经验，并走上讲台展示自己的收获。

四、特色成效

该项目化数学学科活动源于生活，学生在与他人合作交流解决问题的过程中，能够严谨、准确地表达自己的观点，并能较好地理解他人的思考方法和结论。学生在整个学习的过程中，不仅解决问题的能力得到了提升，而且充分体会到了科学家为求真理而不断探索、不断实验的精神。学生不应只是理论上的学习，更应将知识在日常生活中加以应用，体会知识的价值，还可以更有创造性地思考，培养创新、解决问题、批判性思维、合作学习和终身学习等多种能力，促进多向度的发展，实现核心素养的落地。学生们谈起这节课也回忆满满：喜欢这种别开生面的数学课，从突破难点中获得了自信，对整个学习活动充满怀念。

77 亚运播报，同心@world

一、育人理念

项目化学习是通过集中关注学科或跨学科的核心概念和主题，设计驱动性的问题，在学生自主或合作进行基于项目任务的问题解决过程中，积极学习和自主建构，生成知识和培养素养的一种教学。项目化学习的过程是一个探究创新的过程，也是一个情境式体验的过程，还是一个小组协作的过程。这种更加贴近生活的学习方式，既是超越分学科教学局限、在真实的问题解决中培养学生知识技能跨学科应用的有效方式，又能鼓励和促进学生在项目实施中充分发挥自己的个性特长与创造性，在知识习得与生活应用、问题解决与实践创新的持续双向互动中，不断巩固和优化学生的认知和非认知发展。

二、背景意义

英语学科组先后设计与实施"茶韵悠长，同心@ world""春风十里，不如'云'上有你"等项目，学生从中获取解决实际问题的能力，从而实现学科育人。老师们基于真实情境的探究性学习，以多任务、跨学科为驱动，强调学习过程中的合作；学生全身心地投入真实情境中问题的研究和解决之中，创造性地完成学习任务，将学习成果公开展示、共同分享。

三、实践做法

1.七年级：ID card 设计赛

青春不设限，成长正当时。展现"最好的自己"，梦想无极限，奋斗正当时。七年级的同学们开展为自己制作 ID card 活动。同学们在 ID card 上介绍自己各种各样的兴趣爱好，展示个性鲜明的自我，秀出丰富多彩的内心世界。七年级同学们的精彩作品闪耀着自我风采，用实际行动迎接杭州亚运会的到来。

2.八年级："迎亚运——英语小主播"

八年级的同学开展以"迎亚运——英语小主播"为主题的英语学科项目化活动，同学们根据亚运主题，自主选择杭州的风土人情、亚运场馆、亚运文化、中国传统文化等。同学们可以是个人小主播，也可以是小组合作，以采访、视频、图文画报等形式播报。通过这次实践活动，不仅开阔了学生的英语视野，提升了学生的综合语言运用能力，同时也营造了浓浓的英语学习氛围。迎接杭州亚运会的每一个创意、每一份收获、每一次体验，都饱含人文情怀。

3.九年级："一起来做 up 主"

九年级的同学们开展以"一起来做 up 主"为主题的英语学科项目化学习活动。同学们自主学习并了解中国传统故事、中国之最，用英语讲述并宣传中国故事，收集身边伙伴们对故事的不同评价和见解，以"up 主"的身份向大家展示并传播中国文化。最终，同学们以图文并茂的形式，绘制一份份"up 主"视角的精美小报，以学生喜爱的方式了解中国故事、走近中国文化。

四、特色成效

学校英语学科组对项目化学习的探索，立足于学生的全面发展，基于新课标，着眼于项目化学习的常态化实施，努力打造符合学生兴趣、贴近学生生活、迎合社会热点的项目化学习的精品案例。在项目化学习过程中，学生获得了学科知识与品德教育，提升了运用综合性、跨学科知识解决问题的能力，为成长为自律、自主、自信的青少年打下基础。

78 玩转"小小净水器"

一、育人理念

项目化学习使学生可以通过实际操作和实验，亲身参与科学知识的探究和应用，不再只依靠课堂上的理论知识，而是通过实践来理解和掌握科学原理。在项目实施过程中，学生往往需要与同伴一起，分享资源和分工合作，共同解决问题。通过团队合作，学生学会了倾听他人的观点、提出自己的想法，并在合作中形成共识。同时学生需要面对新的问题和挑战，需要思考不同的解决方案和创新的方法。通过不断地思考和尝试，学生能够培养出独立思考能力和创造力，这对学生未来的发展很有裨益。

二、背景意义

拱墅区科学教研近年来以微项目化学习这一学科实践样态，探索如何在新课标要求下进行科学教学，转变学教方式。新课标倡导以探究和实践为主的多样化学习方式，让学生主动参与、动手动脑、积极体验，参与科学探究以及技术与工程实践的过程。这也对教师提出了更高的要求，教师需要具备跨学科的知识储备和灵活的教学策略，能够引导学生进行有效的探究学习。学校科学教师积极开展"小小净水器"项目化学习，培养学生的实践能力和创新思维，促进学生之间的合作与沟通能力，激发学生对科学学习的兴趣和探索精神，培养自律、自主、自信的亲青胜蓝学子。

三、实践做法

（一）项目简述

该项目针对生活中水资源浪费的问题，面向八年级学生由小组合作探究净水器原理入手，设计并制作一款简易的净水装置，并以成品展示、项目汇报的形式分享各小组的成果。该项目旨在解决生活中常见的问题，从理论学习到实践探索再到意识提高，从多方面培养和锻炼学生的思维和动手能力。

（二）驱动性问题

假如你去野外探险，如何利用随手可得的器材制作一个装置将天然水净化？并说说本组净水装置的核心竞争力是什么。

（三）核心概念

一是科学核心概念：物质的结构与性质。二是跨学科概念：系统与模型。

（四）学习目标

科学学科目标是初步了解污水净化和处理的办法和原理，了解物理吸附、化学净化、生物净化等方法和原理。工程学科目标是根据装置的用途以及原理，设计完成装置作品图纸，并操作完成作品的成品，通过实践检验装置的效果，并做进一步的修改。技术学科目标是通过了解原理和构想，设计并制作完成简单的净水装置。数学学科目标是结合净水装置的用途，充分考虑装置的大小，以及各部分的体积等。

（五）学习任务

1.知识储备，讨论探索

确定本次项目的任务；了解项目实施的具体过程；水资源处理的理论准备，完成过滤、吸附等物质的分离实验；分析自来水厂净水过程图或参观自来水厂，知晓污水处理方法。

2.奇思妙想，图纸设计

观看野外求生获取净水的视频，小组讨论完成本小组的净水装置设计图，根据生活中易得的素材选取净水装置材料。

3.创新发挥，制作装置

结合本组设计的图，以及所带的材料，小组合作完成净水装置制作，并进行初步实验，验证其净水的效果。

4.头脑风暴，装置完善

各小组根据初次的净化实验结果，重新审视自制的净水装置，与其他组相互比较。查找资料，了解各种不同材料的吸附能力，提出修改意见，并优化改进装置。

5.完美收官，项目展示

各小组结合自身项目的情况，分工合作，准备项目报告、数据图表、照片等，制作课件，并选派一名代表进行展示，其他成员在必要时提供支持和补充。教师和其他组学生可以对展示进行评价，提出意见和建议。各小组互相学习，互相借鉴，在总结反思中共同进步。

（六）项目评价

项目化学习的评价方法应该是多元化、多角度的，通过综合运用多种评价方法，可以更全面地了解学生的学习效果，提供有针对性的反馈和改进建议。结合净水装置的用途，充分考虑装置的大小、各部分的面积、过滤物质的种类、外观等衡量最佳过滤的一些参数与指标。

1.成果展示

让学生在班级或学校展示项目成果，展示形式可以是演讲、海报等，教师以此评估学生的创新思维、解决问题能力和团队合作能力。

2. 自我评估

让学生对自己的项目过程和成果进行自我评估，提出改进措施，让学生更加了解自己的学习需求和方向，有助于提高自主学习能力。

3. 同伴评价

相互评价项目成果和项目过程，评估同伴的优点和不足，提出改进建议，促进学生之间的交流和合作，提高他们的评价能力。

4. 过程记录

让学生记录项目过程中的重要事件、问题和解决方案，展示他们的思考过程和解决问题的能力。

5. 教师评价

教师根据项目化学习的目标和要求，对学生的项目成果和项目过程进行评价，全面评估学生的学习效果。

四、特色成效

该项目旨在通过解决生活中实际的问题，激发学生发现并解决问题的兴趣。以"净水器"为契机展开小组分工合作，提升学生之间的合作意识和团队意识。在整个项目实施过程中，以学生为主体，分为发现问题、前期准备、图纸设计、装置制作、装置完善、成果展示六个环节，全程由学生完成，学生的能力在各个环节都得到了锻炼。同时，六个环节间都有各小组分享讨论时间，各小组头脑风暴过程中，不断碰撞产生新的想法，彼此分析改进。该项目的效果超出了预期，学生在整个过程中的独立自主能力超出预期，整体完成不错，将项目化学习的优点、学科间的融合充分体现。

79 探秘五千年良渚文明

一、育人理念

"博学、笃学、敏学、励学"是学校的学风，在此学风的引领下，学生注重学科实践。新课标提出，为进一步提高学生核心素养，促进学生历史学习方式的转变，加强学生运用多学科知识与技能进行综合探究的能力，历史课程设计了跨学科主题学习活动，引导学生围绕某一研究主题，将所学历史课程与其他课程的知识、技能、方法以及课题研究等结合起来，开展深入探究、解决问题的综合实践活动。

二、背景意义

跨学科主题学习活动各个主题涉及的内容，可以从社会学科所涵盖的历史、地理出发，从特定的问题意识出发，将分散在不同地方的内容整合在一起，有助于学生形成既在时段上纵通又在领域上横通的社会学科意识；同时借助不同课程所学的知识和方法，培养学生多角度分析问题和解决问题的能力。

三、实践做法

学校七、八年级的部分学生在老师指导下，到良渚古城遗址公园与良渚博物院进行历史项目化学习探究活动——探秘五千年良渚文明。在良渚，他们感受文明之风，聆听稻田里的丰收乐章。

（一）项目简介

位于杭州市余杭区的良渚博物院，展现了良渚文明的五千年历史变迁与独特的玉文化；而良渚古城遗址，展现了良渚文明起源地的自然环境与当地先民生产、生活特色。本项目将通过七年级学生在学习《中国历史》第一单元后，分小组合作进行项目化学习探究，在良渚古城实地考察良渚地理环境，分析其对良渚先民生产、生活的影响，并结合所学历史知识和良渚博物院的展览，了解良渚历史与文化特色的延续对现今良渚文化与地域发展的影响。

（二）项目目标

通过实地考察与史料探究，了解良渚先民生活的地理环境特征，包括地形、气候、水源、自然资源。

通过参观博物馆展览与研读史料，结合教材所学知识，概述良渚文明五千年历史变迁，理解其文化特色。

通过史料实证，运用综合思维分析良渚地理环境对良渚先民生产、生活的具体影响。

通过史料探究，结合实地考察，理解良渚文化对现今良渚农业生产与发展的影响。

（三）项目实施

1.结识良渚

在老师组织下，七、八年级学生分别组建项目化学习小组。小组成立后，组内推选组长，确定组名，确定记录员、拍摄宣传、文字撰写等成员分工，并熟知各自的职责。教师提供项目化学习手册，依据项目进程安排，小组成员集中讨论后自主拟定个性化进程表。

2.遇见良渚

学习小组分别前往良渚古城遗址公园与良渚博物院进行项目化学习活动。接下来请跟随两个小组的旗帜，一同遇见良渚，探秘五千年良渚文明。

踏进博物馆，便看到了一件件玻璃展柜里的文物。玉琮是馆内最具有代表性的文物。玉琮是一种内圆外方的筒型玉器，是古代祭祀神祇的一种礼器。各种玉器摆在展台内，流淌的不仅仅是精美的工艺，更让我们感受到古人们的智慧，其成就了一个历史悠久的文明古国。在五千年前良渚土地上，成熟的稻田遍布整个良渚古城遗址，四处稻米飘香，绽放着金灿灿的光芒。

3.走进良渚

学习小组探访良渚文明，参观凝聚着古文明智慧的文物。在本次活动中，同学们从初步网络"结识良渚"，到实地"初遇良渚"以及最后"走进良渚"，整个过程中大家互相讨论、共同学习。研学后，小组认识到了保护文物的重要性，以及弘扬宣传良渚文化传承的必要性。

四、特色成效

学生经过前期的资料搜集与学习、实地项目化学习实践后，对五千年良渚文明的地理环境、历史变迁、文化特色已经有了初步了解，收获良多。良渚遗址是实证中华五千年文明史的圣地，我们要立足良渚文化的研究成果，共享中华五千年文化科普的新高地。

80 如果"地图"会说话

一、育人理念

项目化学习是通过集中关注学科或跨学科的核心概念和主题，设计驱动性的问题，在学生自主或合作进行基于项目任务的问题解决过程中，积极学习和自主建构，生成知识和提升素养的一种教学方式。学校综合组就是集不同学科于一体，各学科能够相互融合，激发学生的学习兴趣，帮助学生提升解决问题的实际能力，促进学生的全面发展。

二、背景意义

学校是杭州市中小学思政教育一体化先行校，为加强校园党建工作，学校结合自身实际，推进红色、清廉学习教育常态化，开展"丹青之路""胜绘蓝图"等系列活动。基于此，综合组老师设计了"如何设计一张有交互性的校园导览图"为主题的真实性问题，让学生通过采用声音、绘画和互联网结合的形式绘制一份有声地图。通过此项目化学习，学生既可以充分感受校园的自然生态和人文环境，也能够将成果用于介绍和展示校园，展现胜蓝学子的精神风貌。

三、实践做法

（一）确定活动类型

为充分了解校园文化，提升学生文化"软"实力，综合组采用声音、绘画和互联网结合的形式绘制一份有声地图。为使有声地图真正能够带领校外人员参观了解学校，学生们需要从撰稿、取景、绘制、录制、剪辑等各方面入手，用动态的形式记录校园景点。由此，确定了"丹青之路"和"胜绘蓝图"系列活动。

（二）开展项目化学习

1."丹青之路"

作为学校的红色课程之"丹青之路"，主要景点有历长廊、慎独亭、初心大道、平"语"近人、党史墙、三同墙等。学生先了解各景点的历史典故、名字的由来，通过前期的查找资料和头脑风暴，初步撰写介绍的讲稿，并通过不断修改确定最终解说词；然后，通过一遍遍地打磨，形成比较成熟的脚本，并进行取景拍摄；最后，由技术达人进行后期的视频剪辑。在这个过程中，各小组成员通力合作，群策群力，从不会到熟练，从害羞到落落大方，对学生而言是一种全新的体验和全新的学习过程，真正地促进了学生的能力发展。

2."胜绘蓝图"

校园是学生生活、学习的主要场所，在这里，学生学会学习、学会交流、学会合作、学会劳动、学会做人，除了红色景点，校园还有好多学生学习的场所和展示的舞台。学生用绘画的形式表达对学校的热爱，无论是青耕园劳动教育基地，还是青秀台展示舞台，学生总能够将自己印象深刻的场所精彩地绘制出来，甚至有学生还运用信息技术制作成小视频。通过项目化学习，学生真正地提升了综合能力，从问题到方案，从分析到制作，从素材到成品，这才是真正的核心素养。

（三）作品完善及整合

单一的景点介绍和绘画作品是项目化学习前期的学习过程和素材准备阶段，真正的"有交互性的校园导览图"还需要将这些素材进行整合和调试，这是对学生的技术考验，这也是项目化学习的魅力所在。学生真正地体验了将大问题分解成若干个小问题，解决若干个小问题后最终解决大问题的过程，在这个过程中学会了知识分析和分享，掌握了技能和沟通要领，享受了学习的过程。

四、特色成效

在探究、学习过程中，同学们充分浸润校园，感受文化，结合景观及其所蕴含的文化特征，融知识性、教育性、艺术性为一体，培养了审美情趣和审美能力，同时也极大地激发了奋发向上的昂扬斗志，争做自律、自主、自信的胜蓝学子。

81 丹青之路

一、育人理念

　　良好的校园氛围和文化环境都能潜移默化地对学生的精神世界产生影响。基于"办一所让孩子喜欢、自豪、怀念的好学校"的办学愿景，学校非常重视校园文化景观的建设。挖掘校园文化景观特征，既可以丰富和活跃同学们的课余生活，又可以反映蓬勃向上的校园新风，从而给学生们建立"向上生长"的渠道。

二、背景意义

　　校园景点既是满足人类"可居"需要的物质产品，又是满足人们"可赏"需要的精神产品，具有其独特的美学个性和艺术规律，是技术和艺术、实用和审美的统一。校园文化景观在体现其审美特性时，重要的是通过综合运用其艺术语言，结合学校的自然和人文背景，充分发挥环境的抽象性、象征性特点，是一种与环境相和谐的自然美、一种展示丰富的想象力和创造力的艺术美，能够使校园文化精神在校园环境中流露。

　　丹青之路是以校园景点为线索，有历长廊、慎独亭、初心大道、平"语"近人、党史墙、三同墙等，由学生充当小小解说员介绍景点的系列德育活动，最终展示成果犹如一个"会说话的地图"，指引师生更进一步地了解校园的红色景观。

三、实践做法

（一）头脑风暴，确定景点

在对校园中的红色文化景观进行讲解前，同学们首先需要提前挖掘并罗列具有代表性、可操作性的景点。在确定景点之后，教师再次带领着同学们来到红色景观处，为其讲解景点特点、实际作用等相关资料。在听讲解的同时，同学们边记录边思考如何结合校园精神文化做进一步的延伸。各成员在该过程中都要参与讨论，并进行分工与合作。

（二）两两合作，撰写讲稿

学生根据感兴趣的景点，两两组合，利用空余时间，从细节到板块，从景点历史到蕴含人文，共同讨论、撰写景点解说稿。

（三）结合校情，斟酌修改

参与讲解的学生可以向教师请教，了解他们对校园文化建设的一些看法，并参考同类主题的相关资料和视频，结合各方建议，完善讲稿，最终呈现一份能突出亮点、体现校园特色的解说稿。

（四）敲定方案，录制视频

在审核解说稿之后，设计拍摄镜头、拍摄脚本，准备所需道具、服装等，安排好相应的负责人，商定时间进行视频的录制，并尽量多准备素材以备剪辑。

（五）剪辑润色，最终展示

在录制好所有视频后，对素材进行整理，如对视频进行降噪处理，对画面进行光线调整，然后开始制作视频，挑选合适的配色主题、背景音乐，制作精美的片头片尾，整合好之后上传至各平台展示，形成系列推送。

四、特色成效

"丹青之路"活动以校园景点为线索展开，充分给予学生展示平台和机会。通过各种途径的展示，如校园景点介绍牌、线上平台展示等，能够使同学和老师充分浸润在浓郁的校园文化中，全面提升师生的综合素质，厚植师生的爱党爱校情怀。相信在这样的环境中，胜蓝学子们定能带着"胜"的信念在"蓝"天下奔跑！

丹青之路——慎独亭

慎独亭是学校红色景点之一，坐落于学校行政楼的东南侧。它是一座木质的四角亭，上面有一块大大的牌匾，镌刻着青色的字迹——慎独。同学们时常在慎独亭里歇脚，欣赏四季之景。沿着灰色的石阶进入慎独亭，亭内的墙面上刻着慎独亭的由来。"慎独"二字来源于《大学》中的"此谓诚于中，形于外，故君子必慎其独也"。慎独，即在独处中谨慎不苟，在闲居独处无人监督之时，更须谨慎从事，自觉遵守各种道德准则。此亭，名为"慎独亭"。希望我们能时刻严格约束自己，提高自身修养，做一个品德高尚的"胜蓝人"。每遇慎独亭，都提醒自己，要善于自律，善于反省，树立远大理想和抱负，不负使命，砥砺奋进，成为新时代的好少年！

82 当"后勤事务"融入"德育元素"

一、育人理念

教育的本质是从建立关系开始。亲和的师生关系、友善的同伴关系、融洽的亲子关系都是构建和谐的人际关系、创建美好人生的重要基础。学校倡导构建"亲越德育"特色品牌，通过各种活动载体使学生在拥有一种良好关系的基础上，能够不断飞越梦想、超越自我、追求卓越。

二、背景意义

教育，就是让学生建立关系，让学生建立与自己、与他人、与自然社会、与理想信仰的关系。在学校教育中师生关系一直是学校教育的重要底色。学校的每一位工作者都对学生的成长有着引领作用。校园安全工作是学校的一项常抓不懈的重要工作，对于师生的健康生活有着至关重要的作用。当"冰冻"遇上"新年"，当"后勤事务"中融入"德育元素"，校园里便多了一道亮丽的风景，呈现出生机勃勃之象。

三、实践做法

（一）抓住契机，五育并举

教育无处不在。学校后勤管理一般是日常化、固定化，不会具备一定的鲜活力。但在特殊的时间节点处理工作时，若增加一些有趣的元素，就会带来不一样的体验。如当"冰冻"遇上"新年"，学校后勤处的师傅不是简单地将水管包扎好，而是在给水管保暖的同时，又创造出了"小牛"的造型，使这些水管瞬间被赋予了生命气息，引来学生的围观。"小牛"造型的水管保护套既勉励着学生要以"牛气满满"的精神状态迎接新年，也寓意着老师对初三学子的殷切祝福，希望初三学子们在牛年能够牛气冲天，一举高中。这样的一个举措，无形中传递了一种奋斗的力量。

（二）欣赏赞扬，传递美好

认同感在教育中也有着重要的作用，它是一种肯定、一种鼓励，也是一种价值体现。一个"小牛"造型的水管，传递着后勤师傅对学生们的殷殷期望，也彰显着学校师生"同心、同向、同行"的良好教风，这样一种亲和、亲近的师生关系需要被肯定，需要延续下去。因此，作为管理者就需要在不同的场合，面向不同的人群，不厌其烦地讲好这个故事，以及背后的寓意，让这份美好得到传递，彰显文化育人、亲越育人。

（三）示范推广，立德树人

"小牛"造型的水管让教育更加有温度、有温情，在润物无声地滋润着学生的心田。这一暖心的举措也逐渐被推广，于是，校园里便出现了"虎""兔"等造型的水管保护套，它们既能给水管保暖防冻，又为校园增添了一份生命力。

四、特色成效

将"稻草"与"年度生肖"融合，赋予稻草以生命的气息，使校园文化更加有底蕴，更加有内涵。这里也逐渐成为校园里一处网红打卡点，每当来宾在学校参观时，都会忍不住询问这个造型的由来和背后温暖的故事。其实，后勤师傅只是学校里所有教职工的一个缩影，这样用心的举措彰显了学校教职工对学校建设的关心，也激励着大家要同心、同向、同行，一起奔赴美好的未来！从这个故事背后，可以看到一种团结友爱、兢兢业业、热爱集体的精神。这个故事受到了媒体的关注，并在杭州新闻等媒体平台上报道，也为学校的美誉度提升贡献了一份力量。

83 胜蓝团校新模式建设

一、育人理念

为推动中学团校科学化、规范化、制度化建设，进一步加强思想政治引领，学校团校课程融合共青团传统课程，紧扣时代发展需求，着眼"党团队一体化"建设，设计丰富的课程体系，开展多样的社会实践与志愿服务活动，从身边事出发，引导学生触动心灵，担当使命，积极入团，为成为一名优秀的共青团员做好准备。

二、背景意义

《中学共青团改革实施方案》明确提出，加强中学团委对初中少先队工作的领导职责，团组织工作以团前教育、发展团员、团员意识教育为重点，少先队工作以团前教育、推优入团为重点。做好共青团、少先队的组织衔接，改进团前教育和推优入团工作，推优入团应体现班级中队全体队员的意见。组织团员每年参加集中培训，时间一般累计不少于 1 天或者 8 学时。中学生团校是对中学生进行经常性的思想政治和团的基本知识教育的重要课程，是壮大团员队伍、加强团员发展工作的重要路径，是学校德育工作的重要组成部分。学校应积极组织少先队员参与团前教育，学生入团前要参加不少于 8 学时的团课学习。

三、实践做法

学校用理论与实践相结合的方式探索初中团校建设新模式。

（一）少年团校教育内容

1.理想信念教育

帮助中学生树立远大理想和坚定信念，引导学生正确认识社会发展规律，树立科学的世界观、人生观和价值观。学校"少年团校"的课程以"奋斗的青春最美丽"为主题开展，授课老师为团校学员讲述奋斗和青春的含义与真谛。

2.团员意识教育

通过学习《团章》和团的历史，了解团的光荣传统、性质、任务、组织、纪律和团员的权利与义务，掌握团的基本工作方法，增强对团组织的认同感、光荣感和使命感。学校"少年团校"的课程特设"党的知识进课堂"一课，重点诠释"党团队一体化"，让学生了解"党团队"的关系；请资深历史老师介绍共青团的三个发展时期和各种《团章》准则；请语文老师教学如何撰写入团申请书，就入团申请书的格式、内容以及要求，对学员进行具体指导；请音乐老师教学激昂慷慨的共青团团歌《光荣啊，中国共青团》。

3.形势政策教育

结合国内外新形势和发生的重大事件，引导学生坚定正确的政治立场和观点，提高判断是非的能力。学校少年团校结合建党百年、党的二十大、杭州亚运会等开展相关课程，让学员们争做新时代好少年。

4.社会实践教育

组织学生走进社会大课堂，参加各种社会实践活动，在实践活动中了解国情、加强锻炼，加深对所学团知识的理解，增强社会责任感。学校"少年团校"课程引导学员们弘扬奉献、友爱、互助、进步的志愿精神，以实际行动书写新时代的雷锋故事。

（二）少年团校的教学方式

集中培训，教学基本知识，解决普遍性的问题；鼓励学生以班级、小组为单位学习基础知识和开展教育活动；倡导个人分散自学，有针对性地加强自我教育。

课堂是团校教学的主渠道，重在讲解基本知识和理论；社会实践是理解和深化理论知识的重要途径，采取参观访问、社会调查、志愿服务、公益劳动以及演讲、征文、阅读等多种方式，开展行之有效的社会实践活动和主题教育活动。

采用线上授课、网上答疑的形式，发挥网络在团校教学中快速便捷、信息量大、对学生吸引力强的优势，激发学生的学习兴趣。

四、特色成效

青年兴则国兴，青年强则国强。通过每期的团校学习，学员们都有所成长、有所收获。在认真学习的过程中，同学们纷纷行动，留下团校学习印记，如绘制手抄报、制作剪辑团史、录制《团章》学习微视频等，形式多种多样。近几年，学校加强"少年团校"课程建设，丰富学习载体，进一步落实了立德树人的教育根本任务，加强了学员们的理想信念教育，团结引领广大学生永远跟党走、奋进新征程。

84 党员校内家长制

一、育人理念

　　以《中共中央 国务院关于进一步加强和改进未成年人思想道德建设若干意见》为指导，以"立德树人"为根本，积极探索全员育人管理新模式。通过实施"党员校内家长制"，党员教师为学生的健康、快乐成长保驾护航。每位党员教师结对一名学生，开展"四个一"活动，对学生进行多方位关爱，促进学生全面发展。

二、背景意义

　　由于社会环境和家庭环境的影响，初中生会存在学习习惯不佳、学习压力过大、过度依赖电子产品、与父母缺乏沟通等问题，造成他们性格和心理上的某些缺陷和成长的断位。因此，学校以"党员校内家长制"作为德育工作创新点，让教师"动"起来，助力学生成为自律、自主、自信的青少年。

三、实践做法

　　开展"党员校内家长制"工作，每位党员教师结对一名学生，开展每周一次交流、每月一次同餐、每季一次活动、每学期一个微心愿的活动，对学生进行"引导+引领"的思想教育、"课内+课外"的学业指导、"生理+心理"的多方关爱，为学生的健康、快乐成长保驾护航。党员教师要根据结对学生的个性需求，采取个性化、亲情化的教育方法，对学生的思想、心理、学习、生活等多方面进行关心和帮助，尊重孩子的身心发展特点和认知水平，倾听他们的烦恼与困惑，遵循激励法则，进行经常性的思想道德品质、健康心理及行为习惯的培养引导，同时协助班主任做好学生思想工作，关注学生的后续变化。具体做法如下：

每周至少进行一次谈话，关注学生的心理成长，如有需要及时与家长联系。

每月一次同餐，通过谈心交流，建立良师益友的师生情谊，提高教育教学质量。

每学期至少一次微心愿活动，优化师生情感关系，和学生一起完成心愿，记录学生成长的点点滴滴，履行校内家长职责。

每月与学生家长深入交流，将学生的表现和进步向家长汇报，形成家校合力，促进学生全面健康发展。

定期向班主任了解学生情况，如家庭情况、学业情况、人际关系等，当学生有进步时及时给予表扬和鼓励，当学生遇到困难时及时给予帮助。

全面了解学生，注重教育的针对性和实效性，坚持正面教育为主，积极进行教育引导，培养学生兴趣爱好，努力为学生搭建展示才华的舞台。

对党员校内家长的工作每月考核一次，辅以随机抽查，以确保记录与工作实际相符，并表扬先进党员。

四、特色成效

校内家长了解学生家庭情况，掌握学生学习和生活中的困难，多发现学生优点，多采用鼓励性语言，通过与学生见面、谈话、沟通，关心、关爱学生，解决学生存在的身体和心理问题，真正让学生在校期间感受到家的温暖。党员们每月与结对学生进行谈心，为他们提供学业上和生活上的帮助，用自己的实际行动发挥党员先锋作用。党员先锋，汇聚力量。学校的全体党员将继续坚持立德树人的根本任务，保持"同心、同向、同行"的精神，团结一致，不断奋斗，为学校教育的高质量发展贡献自己的力量。

85 "青爸·青妈"大课堂

一、育人理念

家校协同是将家庭教育和学校教育紧密结合，形成有效的合作教育共同体，实现教育资源的优化配置和共享，提高教育质量和效果。家校协同是现代教育发展的必然趋势，可以更好地实现家庭和学校的互补与合作，为学生成长提供更加全面、优质的教育资源。

二、背景意义

目前，家校互动模式单一，大多是学校布置任务，家长完成任务，模式表现为单向性。家庭教育是贯穿学生终身教育的主体，如何在家校协同教育中增加家庭教育的比重，是当今教育的一个难题。家校共育是家庭与学校以促进学生全面发展为目标，家长参与学校教育，学校指导家长开展家庭教育，相互配合、互相支持的双向活动。基于此，学校开发实施"青爸·青妈"大课堂，即发挥家长优势，整合家长的各方资源，为学生教育共同助力。

三、实践做法

为满足学生的多样化需求，学校开设青爸·青妈"慧"课堂，具体流程如下。

前期调查了解各班家长的授课意愿、特长、兴趣爱好等，成立"家长智库"。

围绕每月德育主题或者根据学生需求，拟定每期青爸·青妈"慧"课堂主题。从"家长智库"中选定授课家长，家长提前准备授课课件等材料，学生处负责协助和审核。

授课当天派遣班主任或学生处老师陪同家长到报告厅或相应教室开展青爸·青妈"慧"课堂，事后由学校领导给授课家长颁发开课荣誉证书。

授课后进行回访，记录开课家长和孩子的感受，及时反思、优化课程。

[案例 1]

一名国家高级培训师、国家二级心理咨询师的家长给八年级学生带来青爸·青妈"慧"课堂，是主题为"与压力和情绪握手"的讲座。他通过讲述生动的事例，让学生们明白压力源于投射到内心的反应，压力取决于自己，压力是一把双刃剑，它会带给学生们提升的空间，有前进的动力，同时也会使大家情绪焦虑，有过激反应，厌恶学习与生活。同学们在高度紧张的环境下，会有巨大的压力，引起心率加速，阻碍思维。那么，同学们该如何释放压力呢？家长通过学生互动，亲自示范，带领学生们学习如何缓解压力，放松身心；并建议同学们要树立自信心，从运动与社交开始，做好时间管理，正念练习，减轻压力。此次讲座通过各种游戏和互动，学生参与度很高，反响很好。当天晚上，我们分别让家长和孩子谈谈感想。

学生说："刚开始我不明白爸爸为什么要来学校上课，还当着我所有同学的面，说实话，我很担心他丢脸，毕竟我们年级那么多人呢！其实我也很紧张，我怕，怕同学们觉得我爸哪里哪里不好，怕被人议论……"

家长说："本来没什么感觉，毕竟作为专业的心理咨询师，我也做过很多场大型讲座的。不过我儿子反应很大，回来拉着脸和我生闷气。一会儿问我准备讲什么，一会儿问我能不能找个理由不去学校。他的这个态度，倒是我一开始没预料到的，我确实也被搞得有点紧张了。"

学生又说："我爸今天演讲时，我恨不得想和班主任说我不要参加了。不过后来到了体育馆，我发现除了最开始大家都朝我看了一眼，后面大家也没怎么样，都在认真配合爸爸的游戏。说实话，我现在觉得我前两天对我爸态度不是很好，有点太不信任他了。其实我还挺想念我爸的讲座的，我小的时候就偶尔跟着我爸上班，虽然无聊，那会儿还蛮开心的。"

家长又说："下午讲的时候，我儿子嘱咐我千万不要叫他，不要朝他看。哈哈，不过我忍不住还是瞄了他几眼。感觉他在游戏互动环节还是玩得蛮开心的。晚饭的时候，他和我说，同学们在他面前夸我了，他还挺高兴的。我也很高兴，我来讲座的初衷应该达到了。"

四、特色成效

青爸·青妈"慧"课堂既有助于建立和巩固亲子关系，也可以把家长从以前的学校教育的旁观者转变成学校教育的主动参与者，最大限度地发挥家长的资源优势，打造合作共赢的家校联动文化，形成对学校教育的有效赋能。

86 家校"共育慧"之家长"慧"

一、育人理念

孩子的成长好比走"长征",可能有曲折,有困难,有压力,这就需要家校共育。家长会是家校共育的重要载体,班主任可以在家长会时增进家校沟通、协调亲子关系等,共同为孩子的成长保驾护航。

二、背景意义

一个孩子就是一个家庭的希望,也是一个家庭的未来。传统的家长会是老师站在讲台上耳提面命,家长坐在下面聆听,流程也基本是布置任务、汇报成绩以及学生最近出现的问题等。这样的家长会属于单向灌输,效果不够理想。为了更好地促进家校沟通,学校开启了新型家长"慧"。

三、实践做法

新型家长"慧"在以下方面做了改革:一是改变传统的座位布置,换成圆桌式或沙龙式;二是为家长准备水或饮品,营造舒适环境,拉近家校关系;三是设置各种鼓励环节,正面表扬学生优秀典型,并且扩大表扬面;四是不做简单粗暴的学生排名分析,不当众批评学生等。

新型家长"慧"还设置各种互动鼓励环节,例如,提前安排学生表演家庭情景剧,表达孩子内心对于亲子关系中出现矛盾时的真实想法,增进亲子关系;提前安排学生写好"定制奖状",鼓励父母在家庭教育中的优点;划分好交流区域，安排各学科教师就座，再让家长自主选择去相应学科教师处进行会谈；设计游戏环节，鼓励家长在家长会中聊起来、动起来；在家长会中设置"爸爸妈妈，您笑起来真好看""宝贝，爸爸/妈妈想对你说"等活动。

[案例]　设置"爸爸妈妈，您笑起来真好看"环节

"爸爸妈妈，您笑起来真好看"是学校统一制作的亲子沟通卡片，由学生自主绘画心目中父母的笑脸形象，鼓励学生多寻找父母的优点，在卡片上多夸奖父母，分析和反省自己平时不当的表现，然后写出自己的心愿和学习目标，以及期望父母应如何陪伴、监督自己，从而实现目标。该活动增进了亲子关系，家长会后学生跟家长有了亲密沟通，父母不再只关注成绩，更在意学生的进步和成长。家长和学生慢慢意识到家长会不是"告状会"，而是适时进行阶段性学习自省的好时机，是家校齐心协力共同达成育人目标的一种有效路径。

四、特色成效

新型家长"慧"可以增强家庭和学校之间的和谐关系，加强沟通和互动，增加双方的信任和支持，为学生的全面和谐发展提供更好的保障。每学期定期召开家长"慧"，家长及时了解学生在学校的表现，包括学习与思想动态变化等；教师可以了解学生在家的种种表现，为学生进一步发展做好充分准备。通过家长、老师面对面、心贴心的交流，促进家校互动，对学生发展起到良好作用，学校家庭同心、同向、同行，共同打造胜蓝的美好明天。

87 花式母亲节祝福

一、育人理念

学校一直致力于培养会感恩的亲青学子，每年都组织开展母亲节送祝福的系列活动，教育孩子们用行动去表达对身边人的爱，增进与家人的感情，关爱他人，关爱社会。施之以爱，报之以恩。感恩是每个人都应该具备的基本道德准则，感恩教育是德育工作的重要组成部分，是实现立德树人核心目标的重要抓手，是培养时代新人、培育社会主义建设者和接班人的必然要求。

二、背景意义

经过问卷调查分析，我们发现目前学校感恩教育还存在一些不足：学生感恩意识薄弱，感恩行为较少；感恩教育的内容较片面，效果不够深入；学生家庭对感恩教育不够重视；互联网社交平台的大量出现，减少了学生情感交流的机会等。为此，每年的母亲节，学校都会举行母亲节活动，让学生感悟母亲的伟大，用自己的实际行动表达对母亲的感恩之情，始终怀揣一颗感恩的心去面对身边的人。

三、实践做法

（一）社团活动：笔墨绘爱意

母亲是我们生命中最重要的人之一，她养育了我们，陪伴着我们。浓浓深情，反哺之恩。绘画与文字正是我们表达感情的极佳方式，在笔墨碰撞中，感恩母亲温柔的滋养，让爱在书画中缓缓地流淌。活动前期，学校"形色工坊"美术社团和九年级美术特色班的同学们用笔墨绘画母亲，所有作品展览于学校报告厅外的"青秀台"上，引得许多师生驻足欣赏。母亲节当日，学校提供"青秀台"，为学生们提供表达爱、说出爱的平台。同学们的自信表达瞬间点燃了活动氛围。学校合唱团的学生深情演唱《萱草花》等歌曲，歌声缓缓流淌，流进了每一位同学的心田。他们纷纷在"青秀台"上写下对母亲的祝福，表达对母亲的感恩。

（二）班级活动：行动表爱意

1.妙手画扇，温情传递

部分班级的同学们用绘画文字向妈妈们表达感激之情。扇子上一首千古传诵的古诗《游子吟》、一段对母亲想说的话、一簇簇精心粘制的花朵都凝聚着同学们对母亲深深的爱。这一把把精美的专属扇子正是同学们向妈妈传递的独一无二的爱。

2.专属定制，礼献母亲

一支定制口红、一束专属鲜花也是妈妈们的最爱。同学们在老师的讲解下精心制作口红送给妈妈。从精油配方、搅拌、加热，到装入模具中成型，每一步都小心翼翼，犹如妈妈对他们无微不至的照顾。

3.劳动制作，情满"花"生

同学们在班主任老师的现场教学指导下，将一根根扭扭棒变成了一束束美丽的郁金香。同学们拿着扭扭棒，对折、弯曲，扭成一个个花瓣的形状，反复调整着花瓣的弧度与大小，将最美丽的花朵献给自己的母亲。

4.点赞母亲，真情表达

同学们以发朋友圈的形式来赞扬妈妈，感谢妈妈的养育之恩和无私的爱。还有学生在班主任老师的号召下，为妈妈亲手制作一张节日贺卡。他们通过画、剪、贴、写等不同的方式，把一张张白纸画上漂亮的图画，剪成爱心状；

把颜色鲜艳的卡纸变成了构思巧妙、制作精美的贺卡。满满的爱心、真诚的话语，无不流露出孩子们对母亲的祝福和爱恋。

四、特色成效

一张精美的贺卡，一个精心录制的视频，再配上一段深情的文字，或是一句祝福，抑或是一首诗，都体现着同学们对母亲深深的祝福。同学们字字真切，句句感人，铭记恩情，爱意绵长。学校通过开展这一系列亲情交流、体验感悟等德育特色实践活动，把爱的种子播撒进每一个孩子心中，让孩子们体会母爱的伟大。这也让学生们懂得每个人的成长离不开父母的养育之恩，懂得感恩是一种生活态度，是做人的修养和道德准则。教育每个孩子学会感恩，做一个心存感恩，能知恩、感恩、报恩的人。

88 一名初中生的"提效之旅"

一、育人理念

学校是教育高质量发展的育人主体的责任担当，义务教育是基础教育的"基本盘"，是基础的高质量，更是高质量的基础。学校一直提倡以学生为本，"让每个学生都站在舞台的最中央"，这与"双减"政策的初衷不谋而合。

二、背景意义

中共中央办公厅、国务院办公厅印发《关于进一步减轻义务教育阶段学生作业负担和校外培训负担的意见》后，义务教育阶段的孩子们迎来了"双减"。"双减"政策的落实落细，有效减轻了义务教育阶段学生作业负担、校外培训负担和家长经济负担，使得人民群众的教育获得感、幸福感不断增强。落实"双减"政策的根本举措是学校教育教学的提质增效，但如何做到提质增效，是学校必须思考的问题。

三、实践做法

（一）离开座位多动动

充分利用碎片时间，鼓励学生多运动、多参加户外活动。比如，学校除了让学生在每天固定的大课间、体锻课锻炼，还提倡学生在晚托服务的晚餐前时间去操场自由活动或参加"X课程"。

（二）晚托服务高效率

学校开设晚托服务，学生和家长参与意愿强烈，老师积极主动报名晚托值班工作。晚托服务分为两部分：一是"X课程"，包含丰富多彩的文体、艺术、劳动、阅读等活动，让学生们做感兴趣的事，在释放自身潜力的同时尽情享受学习生活的美好。二是开启晚自习自由学习模式，其间，值班教师负责秩序管理，学生自主规划学习，晚自习学习对于提高学生的学习效率作用很大，只有效率提高，学生才能实现真正的"减负"。

（三）自主练习保质量

"双减"对学生而言是好事，对老师来说需要做的是确保减负的同时仍能"保质"。各科教师都将每天布置的作业分为必做和选做两种，学生可以依据自身情况自由选择。"自主练习"的题目是由学校老师自主编写，每个题目涵盖了多个知识点，既能巩固不同层次学生对所学知识的掌握，又能对不同层次的学生起到激励作用。

（四）节约时间悦身心

学生在学校里完成作业的效率是家里的两倍，学生基本在校内能完成作业，回家临睡前可以弹琴、唱歌、读书等，愉悦身心，强健体魄。

（五）核对作业控数量

班主任需要做的是均衡各科作业及把控整体作业量，如果有一门课当天作业超量了，要和这科教师交流调整，通过这样的形式真正做到给学生减负。校长、教导主任等还会在晚自习期间"巡楼"，解决各种随机事件，保障学生安全。

（六）全力护航放学路

晚托服务结束时，社会各界力量齐心协力，校门口，学校领导、值班教师、保安、校医、家长志愿者、交警早已各就各位，全力护航学生们的放学路。学校安排三个年级学生错峰放学，保安、校医保障学生安全和健康，值班教师带队送学生出校门，家长在接送点迎接孩子，社区工作人员、交警协助管理，护送学生顺利踏上归家路。

四、特色成效

"双减"政策实施后，强化了学校教育主阵地作用。学校通过提高作业管理水平，压总量、控时间、调结构、提质量，减轻了学生过重的作业负担。"X课程"的开设，提高了课后服务水平，满足了学生多样化需求。精准化设置每堂课，提高课堂教学水平，确保学生学足学好。通过以上这些办法，校内教书育人真正做到了提质增效。

89 检校同行，共护未来

一、育人理念

　　学校注重学生综合实践活动能力的培养，强调以学生的经验、社会实际和社会需要为核心，对课程资源进行整合，有效地培养和发展学生解决问题的能力和探究实践的能力。"检校同行"有利于深入了解学校普法教育的需求，主动作为、持续助推，通过专业的法律素养和丰富的宣传方式满足学校普法的个性化需求。

二、背景意义

　　为进一步加强学生思想道德教育和法治教育，增强学生学法、懂法、守法意识，提高未成年人自我保护意识，学校与拱墅区人民检察院合作开展"基于新时代集体主义教育的检校合作新模式探究与实践"项目。2021 年新修订的《未成年人保护法》和《预防未成年人犯罪法》(以下简称"两法")正式施行，为深入学习贯彻"两法"，全面展示近年来检校合作成果，共商检校合作高质量发展新路径，共营新时代未成年人保护大格局，学校积极开展检校合作工作。

三、实践做法

（一）新时代集体主义教育之法治教育成果展示

1.法治情景剧表演

由七年级学生带来法治情景剧表演，从法律层面为同学们普及关于校园欺凌的知识。欺凌，不应出现在校园的任何一个角落。

2.法治教育成果汇报

校长分别从"行动'早'""形式'活'""亮点'多'"三个方面对检校合作课题开展活动情况进行汇报，展示了学校青少年普法教育的各项活动。

3.竞赛获奖表彰

对法治主题教育月期间获得法律知识竞赛一、二、三等奖的同学进行了表彰。

4.模拟法庭演示

唇枪舌剑、匡扶正义、还原真相，八年级同学为大家带来一场模拟法庭演示。从案情回顾开始，围绕被告人的举动是否属于犯罪行为，被告人是否需要承担刑事责任，以及对未成年人的法律教育等内容，向观众生动再现"庭审"现场。模拟法庭结束后，检察官带领我们回顾案情和"庭审"过程，指出了"庭审"中体现的法律知识，以及国家法律对未成年人的保护。同时检察官也希望通过此次"庭审"，能够警醒同学们在日常学习生活中要知法、守法，防微杜渐，自觉规范自身行为。

（二）学校学生参加区检察院与区教育局联合举办的检校合作文艺会演

拱墅区检察院与拱墅区教育局联合举办宣传"两法"故事，共护少年成长检察开放日活动。活动以文艺会演的形式呈现，学校七年级部分同学在文艺会演上表演了法治情景剧《对校园欺凌说"不"》。自接到表演任务开始，同学们每天利用午休时间，在社会组老师们的指导下，一遍又一遍地排练。面对观众，同学们表现得更加自信、更加投入，收获了阵阵掌声和满满鲜花。

四、特色成效

法治情景剧和模拟法庭演示为同学们带来了沉浸式法治体验，也让法律真正走进校园，走进同学们的心里。法治进校园以专业的法律素养和丰富的宣传方式满足了学校普法的个性化需求，提高了学校法治教育的精准性和有效性。检校同行，继续共同携手、齐心协力，不断完善校园法治安全治理体系，营造平安、和谐的法治校园环境。

90 新颜胜蓝夏令营

一、育人理念

培养"自律、自主、自信"的亲青胜蓝学子是学校的育人目标，在此育人目标的引领下，我们注重开展红色研学活动。2016 年发布实施的《关于推进中小学生研学旅行的意见》明确提出，要在研学旅行教学中开展红色教育。

二、背景意义

为进一步增强教师和学生们的时代责任感和历史使命感，深入推进党建共建工作，帮助学生树立正确的世界观、人生观和价值观，开阔视野，陶冶情操，同时强化思想认识和责任担当，学校每年开展"新颜胜蓝夏令营"。

三、实践做法

（一）2021 新颜胜蓝红色之旅

学校党支部和杭州市教育发展服务中心党委、新颜苑社区党委联合开展了2021 新颜胜蓝红色之旅。三家单位的干部、年轻党团员教师、部分学生团员和入团积极分子共同参加了此次活动。大家一起参观了杭州高级中学钱塘学校、杭州第二中学钱江学校和杭州市城市规划展览馆，开阔了学生的眼界，激发了学生的学习热情，鼓舞学生学习更上一层楼。

（二）2022新颜胜蓝亚运之旅

学校党支部与杭州市教育发展服务中心党委、新颜苑社区党委联合开展"弘扬亚运精神，争当时代先锋"2022新颜胜蓝亚运之旅，参观了杭州市奥林匹克体育中心、杭州文汇学校、杭州市中策职业学校钱塘学校、新颜苑社区民族之家。为给活动提供更加安全、周到的后勤服务保障，三家单位联合召开活动筹备会议，就活动具体时间、活动流程和活动要求等方面的细节进行了商定。

（三）2023新颜胜蓝夏令营活动

夏日炎炎挡不住党团员们的热情，大家一同参观了杭州市中策职业学校康桥校区、杭州学军中学紫金港校区、运河亚运公园曲棍球场。同学们通过近距离了解学军中学紫金港校区的办学理念、育人模式以及优质的校园文化，对未来学习和成长有了方向。

四、特色成效

新颜胜蓝夏令营之旅，胜蓝学子们不仅拓宽了视野，增强了学习动力，还感受到了亚运会体育运动的魅力。同时，深入了解了优秀学校的办学理念和育人模式，为他们未来的学习和成长产生了积极的影响。齐心协力向未来，感谢杭州市教育发展服务中心党委、新颜苑社区党委为我们胜蓝学子提供这么多学习的机会，为学生们的成长助力。相信胜蓝学子们一定会坚定前行的步伐，勇于探索，不断向上生长。